Notas de teoria literária

Dados Internacionais de Catalogação na Publicação (CIP)
(Câmara Brasileira do Livro, SP, Brasil)

Coutinho, Afrânio
 Notas de teoria literária / Afrânio Coutinho. 2. ed. – Petrópolis, RJ: Vozes, 2015.

Bibliografia.

6ª reimpressão, 2023.

ISBN 978-85-326-3747-5

1. Teoria literária I. Título.

08.08423 CDD.801

Índices para catálogo sistemático:
1. Teoria literária   801

Afrânio Coutinho

Notas de teoria literária

Petrópolis

© 2008, Editora Vozes Ltda.
Rua Frei Luís, 100
25689-900 Petrópolis, RJ
www.vozes.com.br
Brasil

Todos os direitos reservados. Nenhuma parte desta obra poderá ser reproduzida ou transmitida por qualquer forma e/ou quaisquer meios (eletrônico ou mecânico, incluindo fotocópia e gravação) ou arquivada em qualquer sistema ou banco de dados sem permissão escrita da editora.

CONSELHO EDITORIAL

Diretor
Volney J. Berkenbrock

Editores
Aline dos Santos Carneiro
Edrian Josué Pasini
Marilac Loraine Oleniki
Welder Lancieri Marchini

Conselheiros
Elói Dionísio Piva
Francisco Morás
Gilberto Gonçalves Garcia
Ludovico Garmus
Teobaldo Heidemann

Secretário executivo
Leonardo A.R.T. dos Santos

Editoração: Dora Beatriz V. Noronha
Diagramação: Anthares Composição
Capa: WM design

ISBN 978-85-326-3747-5

Este livro foi composto e impresso pela Editora Vozes Ltda.

Sumário

Apresentação (Eduardo Coutinho), 7

Prefácio, 13

1. Que é teoria literária?, 15
2. Que é Literatura e como ensiná-la?, 23
3. Gêneros literários, 33
4. Gênero de ficção, 49
5. Gênero épico, 73
6. Gênero lírico, 81
7. Gênero dramático, 95
8. Gêneros ensaísticos, 99
9. Crítica literária, 115

Bibliografia, 123

Obras de Afrânio Coutinho, 125

Apresentação

Eduardo F. Coutinho

Como o seu próprio título indica, *Notas de teoria literária* é um livro introdutório, voltado para o iniciante da disciplina em questão. E, como tal, é claro, didático e informativo, baseado na ampla experiência de seu autor, que foi fundador e professor da cadeira de Teoria Literária da antiga Faculdade de Filosofia do Instituto Lafayete, posteriormente incorporado à Universidade do Estado do Rio de Janeiro (Uerj), e professor catedrático de Literatura Brasileira na Universidade Federal do Rio de Janeiro (UFRJ). No entanto, embora voltado primordialmente para o docente e o estudante de Letras, o livro pressupõe uma filosofia da Literatura, bem como uma teoria de seu ensino. Seu autor parte da ideia de que o aprendizado da Literatura não deve ser subordinado ao do vernáculo, como fora prática corrente no Brasil, e, portanto, deve estar centrado nos textos. Além disso, o que se visa não é a fornecer apenas informação de ordem histórico-cultural, como se fez durante longa data, mas a desenvolver o gosto pela leitura e a apreciação estética.

Com base nesses pressupostos, o livro se inicia com uma discussão sobre o conceito de Teoria Literária e a esta se segue a indagação sobre o que é literatura e como ensiná-la. No primeiro caso, retoma-se o sentido grego do termo "teoria", e encara-se a disciplina como uma reflexão sobre obras literárias e como uma sistematização dessas reflexões, tendo-se assim como ponto de partida sempre o texto. No segundo caso, distingue-se o texto literário de outros tipos de escrita por uma série de traços que lhe conferem especificidade e que viriam a constituir o que se tem entendido como estético, resultante da harmonia dos diversos elementos que integram a obra. Nesta parte, contudo, a discussão se estende ao ensino da literatura, e é aqui que a tese do autor se torna mais evidente: defende-se acima de tudo o contato direto com os textos, não para servir de pretexto a estudos de outra natureza, como o filológico, mas para o cultivo da sensibilidade do estudioso, visando a torná-lo capaz de distinguir uma composição literária e de apreciá-la pelas emoções que ela lhe desperta.

Os capítulos que se seguem voltam-se para a questão dos gêneros literários, mas também aí o autor não se limita a defini-los à maneira tradicional, nem muito menos os vê como modelos a serem adotados. Os gêneros são uma tentativa de sistematização de formas de expressão literária, e é como tal que eles têm de ser estudados. Além disso, não são fixos nem imutáveis, mas maleáveis e provisórios, mudando de acordo com circunstâncias histórico-culturais e variando muitas vezes de acordo com o contexto em que surgem. O autor tece um histórico dos gêneros desde sua clássica conceituação aristotélica aos nossos dias, focalizando a polêmica que se instalou entre os que defenderam a normatização do conceito em momentos distintos (Boileau, Brunetière) e os que se ergueram contra todo tipo de sistematização (Victor Hugo, Croce), e conclui pela sua legitimidade, mas sem qualquer cunho preceptístico ou de exemplaridade. Os gêneros oferecem ao ensino literário um meio de abordagem do fenômeno, uma espécie de "porta de entrada para a literatura", e é nesse sentido que ressalta a sua utilidade.

Dividindo os gêneros entre aqueles em que o escritor veicula seu processo de representação da realidade através de artifícios intermediários com o leitor ou ouvinte e aqueles em que ele se dirige diretamente a estes, o autor procede a um estudo minucioso de cada um desses gêneros. Assim, entre os primeiros são estudados a narrativa, com sua distinção entre ficção e epopeia, a lírica e o teatro, e entre os últimos os gêneros ensaísticos, aqui subdivididos em ensaio, crônica, oratória, cartas, memórias, diários e máximas. E em todos os casos são levados em conta não só os tipos diversos e mais comuns de cada gênero (romance, novela e conto, no caso da ficção; poemas de forma fixa e de forma livre, no caso da poesia lírica; tragédia, comédia, drama, etc., no caso do teatro), como principalmente os elementos que lhes dão forma (personagens, enredo e situação espaçotemporal, no caso da ficção; ritmo, métrica, rima, versificação etc., no caso da poesia lírica; personagens, diálogos, ação dramática, no caso do teatro), e os artifícios de que se servem (ponto de vista, método de apresentação dos personagens, posição do narrador com relação à estória, figuras de estilo etc., no caso da ficção; uso de aliterações, assonâncias, figuras de estilo etc., no caso da poesia lírica; e técnicas e recursos diversos de representação, no caso do teatro).

No caso dos gêneros ensaísticos, o autor também focaliza cada um separadamente, chamando atenção não só para suas diferenças e especificidades, como para o papel que tiveram e continuam tendo através da história. Assim, com relação ao ensaio distingue-se, por exemplo, entre o ensaio livre, de caráter pessoal e em linguagem familiar, bastante corrente entre os ingleses, e o ensaio mais formal, acadêmico, de caráter científico, filosófico ou político; e, com relação à crônica, estabelece-se uma diferença entre o gênero histórico que dominou na tradição ocidental e ainda é hoje frequente na maioria dos países do Ocidente, e o gênero jornalístico, tão apreciado no Brasil, marcado pelo coloquialismo e pela ênfase na vida cotidiana, bem como pelo caráter de comentário informal de fatos e acontecimentos. No que concerne à oratória, o autor a vê como um gênero estritamente ligado à vida social de um povo, e discute suas diversas formas (sacra, forense, parlamentar, filosófica etc.), e, no que tange à carta, estabelece clara distinção entre o gênero mais informal e a carta literária – a epístola –, de que são exemplos a Epístola aos Pisões, de Horácio; As cartas persas; de Montesquieu, ou ainda cartas como a de Pero Vaz de Caminha a El-Rei D. Manuel sobre o descobrimento do Brasil ou o romance epistolar tão frequente na Era Moderna. Finalmente, as memórias e diários diferem em geral pelo fato de as primeiras darem maior ênfase ao testemunho, e os últimos, assim como a autobiografia, à análise interior, à introspecção, e as máximas caracterizam-se por serem a expressão sentenciosa e breve de um pensamento.

O capítulo final do livro, como não poderia deixar de ser, volta-se para a crítica literária, especialidade do autor, que é vista como "uma atividade intelectual, reflexiva, usando o raciocínio lógico-formal, procurando adotar um método rigoroso, tanto quanto o das ciências, porém de acordo com a natureza do fenômeno que estuda, o fenômeno literário". A crítica é "parenta da filosofia e da ciência, pela sua natureza analítica, interpretativa, discursiva", mas difere destas por não adotar os métodos das ciências nem se ater completamente ao raciocínio lógico-formal. O ato crítico completo compreende para o autor três etapas: a resposta intuitiva, gerada no espírito do crítico pelo contato com a obra, a análise e compreensão, em plano racional e intelectivo, e a avaliação, ou juízo de valor final. Portanto, da fase emocional inicial, passa-se ao plano intelectual, e em seguida ao julgamento final, movimentando-se o crítico de uma fase subjetiva à busca de certa objetividade, que se verifica pela aferição da harmonia resultante da combinação dos diversos elementos que compõem a obra. O autor defende um tipo de crítica que prioriza o texto, em reação à crítica impressionista, frequente no jornalismo brasileiro, ou à crítica historicista decimonônica, que dominou durante largo tempo o ensino da Literatura, mas reconhece a importância do estabelecimento de relações entre a obra e o contexto histórico-cultural em que surgiu.

Por todas as razões mencionadas, *Notas de teoria literária* é uma obra fundamental não só para os iniciantes, a quem seu autor dirigiu o livro, como também a todos os estudiosos da Literatura que desejem embrenhar-se nos meandros do texto literário e acompanhar as reflexões que se vêm desenvolvendo, cada vez com maior densidade, sobre o processo de realização literária. Não se pode conhecer com rigor os avanços de uma disciplina sem que se investiguem a fundo seus passos iniciais e as indagações que a foram tornando gradativamente mais complexa. Tudo isso é aqui tratado não só com a destreza do *expert*, mas com a fineza de alguém que lançou com suas palavras pedras fundamentais no meio acadêmico brasileiro.

Prefácio

Esta pequena obra visa ao estudante de Letras das nossas universidades, sem também perder de vista o secundarista e o vestibulando.

É um resumo de teorias sobre os pontos fundamentais do estudo da Literatura, em nível bastante elementar, mas procurando ser informativo e, ao mesmo tempo, tentando orientar o estudante no intricado dos problemas, sem, todavia, acumulá-lo com excessos doutrinários. Não é, portanto, um livro de filosofia da Literatura, mas um quadro sintético de propedêutica literária.

Seu autor parte da ideia de que o ensino da Literatura não deve ser subordinado ao do vernáculo, como era norma entre nós até há pouco tempo. Seus livros *Correntes cruzadas, O ensino da literatura, Da crítica e da nova crítica, Introdução à literatura no Brasil,* testemunham o seu esforço no particular, em defesa da autonomia do ensino literário.

É claro que, em ambos os aspectos, o aprendizado deve ser feito nos textos.

Mas o texto no ensino da língua – e esses textos têm que ser os mesmos textos literários – serão usados de uma perspectiva e segundo um método de abordagem diferentes daqueles do ensino literário. Serão utilizados em função das necessidades do ensino da língua, nos aspectos morfológicos, fonéticos, sintáticos, semânticos, lexiológicos, estilísticos, isto é, analisados, explicados e interpretados puramente no plano verbal.

Diversamente, o texto no ensino literário será encarado no seu plano estético-literário, analisando-se, explicando-se e interpretando-se as obras nos aspectos estruturais e ideológicos dos diversos gêneros literários.

O ensino da língua no nível médio não tem outro objetivo senão conduzir o educando ao domínio do idioma nativo para ler, falar e redigir com acerto dentro das normas da língua padrão. É o que afirma Inglês: "O ensino da linguagem visa a desenvolver a capacidade de usar a língua como instrumento de comunicação, enquanto o da literatura pretende acentuar o aspecto estético e moral da obra e desenvolver hábitos não profissionais de leitura".

Por outro lado, Morrison doutrina que o ensino literário no nível médio não visa a fornecer informação histórico-literária, mas a desenvolver a apreciação, a discriminação entre o bom e o mau, a fim de criar o senso de preferência pelo melhor, isto é, o cultivo do gosto. Por isso, terá que se basear no elemento estético, não apenas no gramatical, do texto literário.

Em ambas as disciplinas o essencial e básico é o uso do texto. Há, atualmente, no que respeita ao ensino de línguas e literaturas, um movimento de volta ao texto. As técnicas da "explicação de textos" de origem francesa, do *close reading* anglo-americano, da análise estilística e formalista espanhola e eslava, juntam-se à técnica da análise filológico-gramatical para imprimir ao ensino da literatura e da língua uma orientação intrínseca, objetivando o fenômeno em si mesmo, a obra, o poema, o romance. É que a Literatura só pode ser abordada e compreendida em si mesma, na sua natureza intrínseca, na sua composição e finalidade.

Este livro pressupõe uma filosofia da Literatura, bem como uma teoria de seu ensino.

A.C.

1
Que é teoria literária?

A criação de uma disciplina de Teoria da Literatura no ensino superior de Letras era uma antiga aspiração de todos os que tinham qualquer participação nesse nível.

E foi por assim compreendê-lo que o egrégio Conselho Federal de Educação incluiu-a, em sábia resolução, entre as disciplinas que deveriam compor o currículo mínimo dos cursos de Letras.

1) Em 1950 tive a honra de apresentar à antiga Faculdade de Filosofia do Instituto La Fayette, depois Faculdade de Filosofia e Letras da Universidade do Estado da Guanabara, e agora Universidade do Estado do Rio de Janeiro (Uerj), um projeto de criação da disciplina, a ser incluída na primeira série de todos os cursos de Letras.

Levado o projeto à consideração do egrégio corpo congregado daquela faculdade, foi ele objeto de parecer favorável da saudosa Professora Virgínia Cortes de Lacerda, e por conseguinte teve a aprovação da congregação, sendo imediatamente posto em execução, com a disciplina incluída em caráter obrigatório em todos os cursos de Letras.

2) Em verdade, pode-se entender a Teoria Literária como disciplina propedêutica, introdutória, ou, ao contrário, como cúpula, sinônimo de filosofia da literatura. Duas concepções da disciplina, portanto, defrontam-se no ensino universitário de Letras.

O ideal será ministrar a matéria como introdução ou propedêutica nas duas primeiras séries, e como filosofia da literatura nas duas últimas séries em cursos monográficos ou optativos.

3) A doutrina que fundamentou aquele projeto era de que a disciplina deveria corresponder a uma "introdução à Literatura".

A ideia era de que a disciplina "facultasse aos alunos dos cursos de Letras o conhecimento preliminar e indispensável do fato literário, de sua gênese e estruturação, de suas formas de expressão, de seu poder de comunicação, da reação da crítica, dos seus métodos e tendências, do espírito que registra ou provoca" (do Parecer de Virgínia Cortes de Lacerda).

Ao acentuar os benefícios que adviriam da disciplina, a professora ofereceu em abono da sua criação o argumento de sua experiência. Afirmou ela que, no seu curso de Literatura Brasileira, todo o primeiro trimestre de cada ano era ocupado na ministração de conhecimentos de teoria, introdutório ao estudo do fenômeno literário, o que prejudicava quantitativamente a execução do programa específico. Isso ocorria, aliás, com o ensino de todas as literaturas nacionais.

4) Ao apresentar o projeto, fundamentei-o com os seguintes argumentos:

a) Como disciplina autônoma, independente da história e da ciência da linguagem, a Teoria Literária tem por finalidade o estudo do fenômeno literário em si e de seus problemas fundamentais, e a metodologia da pesquisa literária;

b) Visa ao estudo dos problemas gerais e propedêuticos da Literatura; métodos da crítica e da história literária; gêneros literários; história das ideias literárias; análise dos estilos em literatura; as técnicas dos diversos gêneros; em suma, todos os problemas técnicos ligados à criação literária;

c) A disciplina propicia a oportunidade de se ensinar o que se pode rotular como "Ciência da Literatura", isto é, a metodologia do trabalho intelectual aplicado aos estudos literários (aquilo que, em inglês, é conhecido como *scholarship*) e ainda o exame dos problemas da produção e consumo da literatura;

d) Constitui a disciplina, além da teórica, uma parte prática. Esta compreenderá estudos de textos, com análise, explicação e interpretação; práticas de exposição oral, de redação de ensaios críticos e resenhas; confecção de bibliografias; seminários sobre obras ou temas literários;

e) A disciplina ainda procurará desenvolver e estimular as vocações para as letras, sistematizando e disciplinando essas vocações, através dos laboratórios de criação literária dirigidos, tanto quanto possível, por escritores experimentados no ensino;

f) O caráter geral ou introdutório da disciplina coaduna-se perfeitamente com o fato de que as literaturas nacionais são estudadas em disciplinas especiais.

É desejável que o aluno, ao iniciar o estudo das literaturas nacionais, já esteja familiarizado com os problemas gerais de Teoria da Literatura, sua terminologia, seus conceitos básicos.

Posta a questão nesses termos genéricos, resta-nos enumerar, classificados em grupos de unidades, os problemas básicos a serem estudados na disciplina de Teoria Literária.

Unidade I. Conceito de Literatura: os diversos conceitos clássico, psicológico, sociológico, estético. A Literatura como arte. Arte rítmica; arte da palavra. Problemas da mimese e da catarse. A literariedade. O fato literário: sua gênese, estruturação, expressão. Ficção e realidade. A obra literária: sua criação, estrutura e composição. A imaginação criadora na Literatura. Função da Literatura. Características gerais do criador literário: poeta, ficcionista, teatrólogo, ensaísta.

Unidade II. Literatura de imaginação. Os gêneros literários, conceito, classificação. Gêneros de imaginação: lírico, narrativo, dramático, ensaístico. Estilo. Espaço e tempo.

Unidade III. A crítica literária. Teoria, história e evolução da crítica. Formas da crítica. O problema do método crítico. Análise extrínseca e intrínseca. A história literária: problemas e métodos. Periodização, estilos de época. Comparativismo. Metodologia do trabalho literário em crítica e história literárias. Crítica de textos.

Unidade IV. Significação e direção ideológica do fenômeno literário: idealismo, realismo. Os espíritos clássico, romântico e moderno: suas variações no tempo e no espaço.

Unidade V. A obra e o público. A produção literária e a reação dos leitores. A edição. Literatura e meios de comunicação de massa.

5) Essa distribuição da matéria mostra a sua complexidade. Mas ela pode ser tratada de uma perspectiva elementar e introdutória ou de um ponto de vista filosófico e terminal. Depende da fixação prévia do conceito de abordagem da disciplina.

E é, precisamente, esse o problema que me parece estar a desafiar os responsáveis pelo ensino superior de Letras, e, em especial, pelos professores de Teoria Literária.

É muito natural que exista o problema. A disciplina é nova no Brasil. Por isso mesmo, não havendo tradição de seu ensino, são escassos ainda agora os professores que a ela se vêm dedicando. E estes se mostram mais ou menos desarvorados quanto ao melhor método de ensiná-la, e até quanto ao próprio conceito da disciplina e de seu conteúdo.

Aquela minha proposta, colocada em prática, a partir de 1952, pela primeira vez no Brasil, na Faculdade de Filosofia do Instituto La Fayette, teve o seu autor como o encarregado do curso.

E, ao ministrá-lo, enquanto pertencia aos quadros docentes da faculdade, sempre o fiz imprimindo à disciplina o caráter de introdução, não só porque assim julgo dever ser para sua maior eficiência no contexto dos cursos de Letras, senão também porque essa foi a resolução da congregação da faculdade.

Sempre julguei adequado aos alunos de Letras que, antes de tomarem conhecimento da problemática literária das literaturas nacionais, pudessem dominar as questões gerais. Assim, antes de estudarem a tragédia francesa ou shakespeariana, conhecessem a tragédia em geral, como gênero, nos seus vários aspectos e problemas, de modo a se familiarizarem com os termos e conceitos, com a sua estrutura básica, com a sua evolução como forma. E o mesmo com os demais gêneros. Tudo isso não impede que façamos esse ensino à base do texto.

6) Mas, como ocorre comumente entre nós, estamos presenciando uma distorção do espírito dessa disciplina.

Em obediência à decisão do Conselho Federal de Educação, foi ela incluída como obrigatória no nível básico, o que implica a concepção de que deve ser introdutória e genérica.

É muito difícil, no Brasil, as pessoas demonstrarem uma dose mínima de humildade de espírito no trato dos problemas. Dificilmente se resiste ao exibicionismo, tão bem caracterizado na anedota referente a Paula Ney: "Não conheço o alemão, mas conheço o meu país".

Que resulta quanto ao problema que aqui nos interessa?

Em vez de se procurar ensinar o que são gêneros literários, como se caracterizam e compõem, e como se estruturam na obra literária; que é um romance e por quê; que são rima e métrica; que é personagem e ponto de vista ou foco narrativo e quais os seus diversos tipos; que é epopeia e o que a caracteriza, etc. etc. etc., a maioria de nossos professores de Teoria Literária aproveita o ensejo para demonstrações profundas de conhecimento dos últimos livros que as editoras de Paris exportam para as nossas plagas, especialmente os da editora Du Seuil, onde estão os bastiões do estruturalismo, da semiótica e de outras manifestações em que se compraz certa vanguarda cansativa, porque superficial e mutável ao menor navio que aporta da França. Parecia que o subdesenvolvimento cultural havia melhorado, mas ainda continuamos os homens do último livro e das breves análises.

Só queria que me dissessem a vantagem de se tentar meter na cabeça de um aluno da primeira série de Letras, cujo curso secundário não ensina a ler nem a escrever a língua pátria com um mínimo de eficácia, uma página de Heidegger ou da Julia Kristeva? Eles, que ignoram as mínimas noções de teoria literária, a ser aprendidas no curso médio, são obrigados a pasmar diante de textos muitas vezes impenetráveis aos próprios iniciados, em que se especializam os teóricos da linguística, da semiologia, da teoria da comunicação, ou da teoria existencial da Literatura.

Ao fazer tais afirmativas, sei que me arrisco a ser considerado superado, inatual, ignorante das últimas novidades. Gostosamente enfrento esse risco.

A questão não é de maior ou menor informação. É antes de bom-senso, coisa aliás que se sabe não ser muito difundida.

Tenho testemunhado a perplexidade com que muitos alunos de Letras se defrontaram com aqueles textos. Não conseguem nem ao menos penetrar-lhes o sentido. Até a leitura lhes é difícil. Pois, em maioria, nem mesmo *ler* um romance ou um poema eles sabem. E é isso, primordialmente, o que se deve fazer, e não exibir páginas de autores cuja inteligibilidade exige preparação especial e longa.

Nem todo o novo é obrigatoriamente bom, nem tudo o que é velho deve ser abandonado. Antes de pintar, há que aprender a desenhar. O que assistimos com a Teoria Literária entre nós é uma espécie de hipertrofia filosofante, sobretudo entre professores moços. Falar termos difíceis, usar conceitos pomposos, utilizar uma linguagem impenetrável, deve parecer-lhes filosofar, atividade que atrai muito as inteligências jovens, e que havia algum tempo se dedicavam especialmente aos estudos sociais e políticos, quando não aos de natureza propriamente filosófica. Basta lembrarmo-nos dos adeptos da chamada Escola do Recife, no final do século XIX, ou dos teóricos do marxismo na década de 1930. Hoje quem não papaguear a linguagem de Greimas, Derrida, Lacan, Heidegger e outros mestres ilustres cai na desgraça intelectual. Temos que fazer como o nosso Paula Ney.

A Teoria Literária é o instrumento de que dispomos, no momento, para a maior embromação intelectual.

E como a universidade não é local adequado para a embromação intelectual – é precisamente o contrário, porque é onde se aprende a disciplinar e regulamentar a inteligência – desejo deixar aqui o meu grito de alerta contra mais essa oportunidade de degradação e aviltamento de um grande instrumento de trabalho, qual seja o ensino de Teoria Literária em nível superior de Letras.

2
Que é Literatura e como ensiná-la?

A Literatura é um fenômeno estético. É uma arte, a arte da palavra. Não visa a informar, ensinar, doutrinar, pregar, documentar. Acidentalmente, secundariamente, ela pode fazer isso, pode conter história, filosofia, ciência, religião. O literário ou o estético inclui precisamente o social, o histórico, o religioso etc., porém transformando esse material em estético. Às vezes ela pode servir de veículo de outros valores. Mas o seu valor e significado residem não neles, mas em outra parte, no seu aspecto estético-literário, que lhe é comunicado pelos elementos específicos, componentes de sua estrutura, e pela finalidade precisa de despertar no leitor o tipo especial de prazer, que é o sentimento estético. O que a Literatura proporciona ao leitor, só ela o faz, e esse prazer não pode ser confundido com nenhum outro, informação, documentação, crítica. Não fora isso, não fossem a natureza específica da literatura e o prazer que dela retiramos, e as obras literárias não resistiriam ao tempo e às mudanças de civilização e cultura. As obras gregas não despertariam interesse a um leitor moderno; a *Divina comédia* não seria amada por um leitor protestante, enquanto o *Paraíso perdido* seria repelido por um leitor católico. Por outro lado, a *Guerra das Gálias* não passaria de um relatório militar não fora o seu cunho literário, e não amaríamos o *D. Quixote* por causa de sua "circunstância" social e de momento; *Os sertões* poderiam ser substituídos pelos relatórios militares da Campanha de Canudos não tivesse a obra-prima o cunho literário que todos lhe reconhecem.

Essas obras e outras muitas resistem precisamente por sua natureza literária. Interessam a toda a gente de todos os lugares e de todas as eras. Sua "circunstância" de tempo e meio é suplantada pelo valor literário. A literatura não é "documento", mas "monumento", na distinção de René Wellek. Com ela não se visa a aprender, nem informar-se, nem documentar. E nenhum leitor a procura para realizar qualquer dessas atividades.

É verdade que a literatura parte dos fatos da vida ou os contém. Mas esses fatos não existem nela como tais, mas simplesmente como ponto de partida. A literatura, como toda arte, é uma transfiguração do real, é a realidade recriada através do espírito do artista e retransmitida através da língua para as formas que são os gêneros e com os quais ela toma corpo e nova realidade. Passa, então, a viver outra vida, autônoma, independente do autor e da experiência de realidade de onde proveio. Os fatos que lhe deram às vezes origem perderam a realidade primitiva e adquiriram outra, graças à imaginação do artista. São agora fatos de outra natureza, diferentes dos fatos naturais objetivados pela ciência ou pela história ou pelo social.

A verdade estética – desde Aristóteles que se sabe – é diversa da verdade histórica. O artista literário cria ou recria um mundo de verdades que não são mensuráveis pelos mesmos padrões das verdades fatuais. Os fatos que manipulam não têm comparação com os da realidade concreta. São as verdades humanas gerais, que traduzem antes um sentimento de experiência, uma compreensão e um julgamento das coisas humanas, um sentido da vida, e que fornecem um retrato vivo e insinuante da vida, o qual sugere antes que esgota o quadro.

A literatura é, assim, vida, parte da vida, não se admitindo possa haver conflito entre uma e outra. Através das obras literárias, tomamos contato com a vida, nas suas verdades eternas, comuns a todos os homens e lugares, porque são as verdades da mesma condição humana.

Ela tem existência própria, é ela e nada mais, e seu campo de ação e seus meios são as palavras e os ritmos usados por si mesmos e não como veículos de valores extraliterários.

Ensino da Literatura

Há muitas maneiras de abordar o ensino da Literatura.

Dois tratamentos têm viciado fundamentalmente esse ensino: o histórico e o filológico. A abordagem histórica leva-nos a reduzir o ensino da Literatura ao da História literária, ou seja, à exposição da ambiência histórica, social ou econômica, que teriam condicionado a produção das obras, e da vida dos autores nos seus pormenores exteriores e na sua psicologia. Tais foram as premissas que nortearam a crítica e a historiografia positiva, determinista e sociologista do século XIX, com Taine e Brandès, e o biografismo crítico de Sainte--Beuve. Esse o critério do estudo literário, que penetrou no ensino, deformando-o completamente. O ensino da Literatura, consoante esse critério, passou a reduzir-se ao estudo histórico das literaturas, isto é, ao conhecimento do meio social, político, histórico, econômico e da vida dos escritores, confundindo assim o fato histórico e o fato literário, que são as obras elas próprias. O aprendizado reduzia-se, em última análise, à memorização de nomes, títulos e datas, ou a alguns pitorescos fatos biográficos.

A orientação filológica no ensino literário consiste em subordinar o interesse literário ao filológico, usando-se a Literatura como texto para o estudo da linguagem. Ensinada por professores, na sua maioria de português, de mentalidade predominantemente filológica, a Literatura é tornada um subsídio ao estudo da língua, confundindo-se análise gramatical com análise literária, análise sintática com estilística. A Literatura passa para segundo plano, pasto para análise filológico-gramatical. Se o estudo do vernáculo bem-entendido deve ser feito no texto literário, ou seja, a língua no ato, o estudo literário propriamente dito se exerce num plano acima do meramente verbal.

Em última palavra, o ensino da literatura deve emancipar-se da história e da filologia, campos verdadeiramente distintos, exigindo professores diferentes, de mentalidades e terminologias especiais, já que os objetivos colimados são diversos.

O ensino tradicional de letras fazia-se através dos vastos panoramas das literaturas nacionais, como blocos isolados, desenvolvendo-se a exposição em ordem cronológica. Dentro dessa ordem, os autores eram apreciados, ora por escolas, ora por gerações, ora por grupos em períodos políticos, ora por famílias de espírito etc. De qualquer modo, o critério de agrupamento era extraliterário, baseado em periodizações de cunho político ou social. Muitas vezes, tal agrupamento redundava em simples catálogos ou listas de nomes de escritores, com ligeiras anotações biográficas e bibliográficas.

Esse critério pseudoenciclopédico de estudar a literatura pela História literária tende a ser substituído por uma orientação funcional e especificadamente literária, que encare o fenômeno literário em si mesmo, através das obras, classificadas pelos gêneros e enquadradas nos estilos individuais e de época, de que foram expressão.

O estudo pelos estilos[1], ao invés de quadros panorâmicos e superficiais de toda uma literatura nacional, favorece a visão da história literária por cortes transversais em épocas estilísticas, e

---

[1] Cf. COUTINHO, Afrânio. *Introdução à Literatura no Brasil*. 8. ed. Rio de Janeiro: Civilização Brasileira, 1976.

assim permitindo também o critério crítico comparatista, segundo o qual ressaltam as semelhanças e identidades espirituais na mesma época entre as várias artes e a Literatura.

O critério de abordagem aconselhável é, assim,

a) Literário;

b) Genológico – estilístico.

A abordagem genológica

Fixada essa premissa de filosofia literária – a literatura tem uma natureza específica e um fim em si mesma e vale por si mesma e não como veículo de outros valores –, resta estabelecer os meios pelos quais ela é melhor abordada para o estudo e o ensino.

Emancipado o ensino literário da história e da filologia, valorizou-se e espalhou-se o método de ensino pelos gêneros, conhecido em inglês por *types approach*[2], e que vem revolucionando o ensino secundário e superior de letras nos Estados Unidos.

Consiste o método em colocar o educando em contato direto, desde o início, com o texto literário, através dos gêneros. A familiaridade com a "coisa" literária faz-se muito mais organicamente assim do que pelo conhecimento abstrato da evolução histórica. Em vez de ler *sobre*, substituindo-se a literatura pela história, o que constituía um escândalo para Mestre Lanson, o estudante *lê* a própria literatura nas obras representativas dos gêneros.

O problema do gênero literário é adiante tratado com largueza. Todavia, é mister ficarem desde já estabelecidos certos princípios básicos quanto ao problema: os gêneros existem naturalmente,

---

[2] Cf. EHRENPREIS, Irvin. *The "Types Approach" to Literature.* Nova York, 1945. • SHOEMAKER, Francis. *Aesthetic Experience and The Humanities.* Nova York: [s.e.], 1943.

correspondendo a uma realidade essencial do fenômeno literário; representam um sistema de artifícios ou convenções estéticas, tradicionalmente respeitados, e que o autor usa ou renova e o leitor aceita e compreende, graças à forma exterior (estrutura, padrão métrico etc.), e à forma interior (tema, tipo narrativo etc.); e reduzem-se aos de natureza poética (lirismo, drama, epopeia, ficção etc.).

Consoante o que preceitua a poética contemporânea, distingue-se assim nitidamente o que é do que não é literatura, excluindo-se as atividades do espírito que visem a informar ou instruir, e que a poética neoclássica incluía entre os gêneros literários: o jornalismo, a história, a filosofia etc.

Podemos classificar os gêneros literários conforme o modo como o autor se dirige ao leitor para transmitir-lhe a sua interpretação artística da realidade. Fazendo-o diretamente, em seu próprio nome, explanando seus pontos de vista, temos os gêneros ensaísticos: ensaio, crônica, discurso, máximas, carta; se, ao contrário, o faz indiretamente, isto é, usando artifícios que veiculam a sua interpretação, resultam três variedades conforme o artifício é: a) uma estória que encorpa a interpretação – gêneros de literatura narrativa (epopeia, ficção etc.); b) uma representação mimética da realidade – gêneros de literatura dramática (tragédia, comédia etc.); c) símbolos, imagens, música, ritmo – gêneros de literatura lírica ou lirismo.

A abordagem estilística

Encarado o fenômeno literário pelos gêneros, há que localizá-los no contexto estilístico em que apareceram[3]. A partir das noções de estilo individual e estilo de época, os períodos são um con-

---

[3] Sobre o problema da periodização estilística em História literária, cf. do autor *Introdução à Literatura no Brasil*, p. 18, 28, 67.

junto de normas e convenções que formam estratos ou camadas definidas pelo estilo predominante. As formas estéticas no Brasil corporificaram-se nos seguintes estilos: Barroquismo, Neoclassicismo, Arcadismo, Romantismo, Realismo, Parnasianismo, Simbolismo, Impressionismo, Modernismo.

Assim, a escolha e distribuição das obras deve ser feita associando-se a abordagem pelos gêneros à abordagem estilística. Os espécimes literários são apresentados para estudo e análise por grupos de gêneros dentro do período estilístico. As obras deverão ser analisadas nas suas características e evolução dentro dos estilos. Pode-se proceder à análise das formas no interior dos estilos de que são representativas, pois elas se distinguem pelos gêneros em que assumem corpo e pelos estilos que as caracterizam. Literatura é forma.

Tendo em vista os princípios acima expostos, o ensino da Literatura deve ser feito no serviço da Literatura. A língua é apenas o instrumento, e deve ser subsidiário, em função da leitura e interpretação do texto.

1) Em primeiro lugar, deve servir para ensinar a leitura: leitura expressiva, leitura interpretativa, leitura dialogada. Pondo, desde o início, o aluno em contato direto com o texto literário, fazê-lo adquirir a familiaridade com a língua e a coisa literária, levando-o a adquirir o gosto da literatura, a justa compreensão de seu valor e significado. Que é a Literatura, para que serve, que nos proporciona? Isso é o primeiro passo do aprendizado. A leitura inteligente, e inteligentemente conduzida, tem por função justamente abrir o véu sobre esse mundo.

2) Em segundo lugar, deve conduzir à análise literária. Que é a análise literária? É a decomposição das obras, segundo o gênero a que pertencem, na sua estrutura, nos seus elementos componentes

e distintos, com vistas à interpretação e julgamento. É, portanto, o primeiro passo do ato crítico completo. A análise literária não é apenas, nem muito menos somente, como pensam alguns, a análise estilística. Ela vai muito mais além no âmago e no arcabouço do fenômeno literário, de que o estilo é apenas a expressão ou um dos aspectos da forma. Assim, a análise literária compreende:

a) Análise da obra pelo gênero a que pertence, na sua estrutura, componentes, artifícios, procurando pôr em relevo os seus aspectos tradicionais e aquilo em que o autor inovou.

b) Análise do estilo – individual e de época – identificando-lhe as qualidades e características, as razões de sua situação e enquadramento.

Para exemplificar: ao estudar o romance *O cortiço* de Aluísio Azevedo, após leitura cuidadosa, deveremos ser levados à análise do livro pelo gênero a que pertence, sua estrutura, seus personagens, o ponto de vista da narrativa, o ambiente ou situação, o tema, o tipo narrativo, as características estilísticas etc., para depois mostrar a situação dentro do estilo naturalista e as razões desse enquadramento.

O ideal do estudo literário é fazê-lo sobre obras integrais. Uma antologia não se presta para esse objetivo, a não ser em alguns gêneros como o conto, o lirismo, a crônica.

A Literatura brasileira evolui desde o primeiro século do Brasil Colônia. Se encararmos a literatura como expressão estética, o primeiro escritor brasileiro foi Anchieta, cuja obra, só recentemente publicada, vem sendo devidamente valorada pela crítica e história literária.

Do ponto de vista da periodização estilística, foi pelo autor deste inaugurada no Brasil, com a nova história literária brasileira que dirigiu, intitulada *A Literatura no Brasil* (Rio de Janeiro, Livraria

São José, 1955-1959, 4 tomos; 2ª edição. Rio de Janeiro, Editorial Sul Americana, 1968-1971, 6 v.). A Literatura brasileira evoluiu dentro de alguns grandes estilos literários: Barroquismo, Arcadismo, Neoclassicismo, Romantismo, Realismo, Naturalismo, Parnasianismo, Simbolismo, Impressionismo, Modernismo.

3
Gêneros literários

1) É dos mais antigos, na crítica e teoria literárias, o problema dos gêneros em literatura. Já Aristóteles o formulara e Horácio o incluiu no corpo de doutrinas que constituíram o credo clássico em crítica. A poética neoclássica, pós-renascentista, conceituou-os como entidades absolutas e exteriores à própria obra. Em nome da liberdade individual e do espírito criador, os românticos atacaram o conceito de gênero, tal como era entendido até então, e mais tarde Benedetto Croce, levando ao extremo a reação, negou-lhe qualquer realidade, afirmando que não passavam os gêneros de meros nomes ou etiquetas vazias de sentido. Sua condenação foi despertada sobretudo pela teoria evolucionista aplicada aos gêneros literários, tal como estabelecida por Brunetière.

Essa atitude de negação total teve a virtude de provocar uma revisão do conceito, por parte da teoria poética contemporânea, através da qual, em nossos dias, atingimos uma doutrina mais equilibrada e justa do fenômeno, reconhecendo a sua legitimidade e a realidade essencial que ele encerra no que concerne à criação e ao estudo histórico das literaturas.

Assim, a *genologia*, como Van Tieghem designou esse setor dos estudos literários, é dos mais importantes na atualidade, não somente para o conhecimento histórico e a interpretação do fenômeno da literatura, senão também pela solução que oferece à metodologia do ensino das letras, em muitos centros universitários feito à luz de seus princípios, como o indica o volume de Irvin Ehrenpreis, sobre *The Types Approach to Literature*, que o concebe "*as a way of coming up to literature or as a gateway to literature*" (p. XII).

O reconhecimento dessa importância ficou patenteado com a realização em 1939 do III Congresso Internacional de História Literária, em Lyon, França, dedicado ao assunto.

Para um bom entendimento do problema dos gêneros, há que proceder a um levantamento, sumário embora, do que foi a polêmica em torno dele na história da crítica ocidental.

2) É a Aristóteles que remonta o conceito. É verdade que, antes dele, já Aristófanes e Platão trataram do tema, segundo naturalmente uma concepção ética, mas há neles vestígios da divisão básica em épica, lírica, dramática, vistas sobretudo em relação ao efeito e à maneira de imitação que escolheram.

À estética aristotélica se deve, no entanto, a primeira exposição do conceito de gênero, segundo um tratamento coerente com a filosofia peripatética, e à luz da observação dos fatos fornecidos pela literatura grega, método a que obrigava o espírito científico do estagirita. A coordenação de sua doutrina dos gêneros, e que faz dele "o fundador da teoria literária" (Alfonso Reyes), está contida na *Poética*, elaborada entre 335 e 323 a.C., a qual só chegou até nós incompleta. Grande parte do pequeno tratado é dedicada ao estudo da tragédia, outra ao da epopeia, além de referências esparsas ao lirismo e à comédia, contidas também em outros livros do filósofo, aos quais é mister recorrer para a compreensão integral de sua doutrina estética e crítica[4].

---

[4] Cf. COUTINHO, Afrânio. *Crítica e poética*. Rio de Janeiro: Acadêmica, 1968.

A poética helênica reconhece a existência de três variedades essenciais do fenômeno literário – a épica, a lírica, a dramática. Mas Aristóteles, em seu tratamento do problema, dando ênfase especial à epopeia e à tragédia, não passou do plano da filosofia da arte, procurando interpretar, a partir da observação empírica dos textos que lhe oferecia a literatura grega, a natureza da poesia, as condições de sua aparição, as variedades em que se apresenta. O que realiza é, portanto, uma investigação no terreno da estética e da poética, relativamente aos gêneros fundamentais.

3) Em Roma, com Horácio, e por influência da doutrina moral de Platão, para o qual a arte deverá ser um instrumento de ação extraliterária, a teoria poética subordinou-se à finalidade moral e didática, de formação do bom cidadão. Para "ensinar deleitando", a literatura deveria submeter-se aos cânones e normas codificados em "artes poéticas" ou tratados de preceitos, regras essas derivadas da teoria e prática dos modelos ideais. Ficou, assim, estabelecido o cânon clássico em crítica literária, o qual teria imensa fortuna ao ser transplantado para o Renascimento, graças ao trabalho dos comentaristas italianos, que ressuscitaram Aristóteles; mas o seu Aristóteles adquiriu um sentido nitidamente horaciano e foi esse que imprimiu a marca da doutrina poética a partir de então.

4) Ao culto da Antiguidade, ao critério da autoridade e ao princípio da imitação, deve-se a restauração da poética clássica no Renascimento.

Os gêneros, segundo a perspectiva horaciana, foram vistos como entidades fixas e fechadas, sujeitos, de modo absoluto, às regras ar-roladas nos tratados de preceptística ou artes poéticas, que tiveram larga difusão e influência nos três primeiros séculos modernos em toda a literatura ocidental.

A poesia, para ser poesia universal, deveria caber em um dos gêneros estabelecidos, e o valor dela estaria na maneira pela qual o artista soubesse executá-la de acordo com o arquétipo do gênero.

Os humanistas renascentistas – Castelvetro, Minturno, Piccolomini, Robortelo, Riccoboni, Scaligero e outros – lançaram os fundamentos da doutrina neoclássica, ou classicismo moderno, que teve no período francês de Luís XIV os máximos representantes, com a doutrina das três unidades no drama, e com a teoria dos gêneros minuciosamente distinguidos e classificados.

Boileau foi o mais notável codificador da poética neoclássica, inspirada numa filosofia racionalista, para a qual a razão era a diretriz suprema, inimiga da inspiração, da liberdade criadora, da originalidade do gênio. Como ele, destacam-se Pope, Vives.

Para as teorias neoclássicas dos séculos XVII e XVIII, os gêneros oferecem as seguintes características: são entidades abstratas, organismos limitados e fechados uns aos outros; permanecem fixos; são puros, concentram-se numa só emoção e não se misturam quanto às qualidades; cada obra pertence a um gênero diferente; obedecem a uma hierarquia, havendo gêneros nobres e gêneros inferiores, não somente de acordo com o valor estético, senão também relativamente à categoria social (tragédia para os reis, comédia para a classe média etc.).

5) A doutrina neoclássica dos gêneros e das regras imutáveis que os dominam teve que enfrentar, a partir sobretudo do século XVIII, uma rebelião de caráter cada vez mais radical. Mesmo antes, já se fazia notar a deficiência de seu esquematismo para explicar e classificar diversas obras antigas, medievais e modernas. Bruno,

Guarini, Lope de Vega, Marino, Giraldi, Gravina, Du Bos, De la Motte, Voltaire, Diderot, Metastasio, Vico foram os principais marcos dessa rebelião, em que tiveram parte relevante os italianos, culminada no Romantismo, com Victor Hugo à frente, no Prefácio ao *Cromwell* (1827), rebelião paralela à marcha da velha poética para a ciência estética moderna, em que se resolveu afinal a crise da poética. Frederico Schlegel, Francesco de Sanctis completaram essa evolução, a que iria Brunetière acrescentar uma nova dimensão.

A doutrina romântica a respeito dos gêneros estabeleceu, à base do conceito de literatura como produto exclusivo da individualidade criadora e da inspiração subjetiva, a tese da individualidade da obra literária como organismo autônomo, criadora de suas próprias leis e razão de ser, de sua forma específica, uma para cada obra. Assim, atacou a *regra* no gênero e na literatura e deu lugar ao nascimento de gêneros desconhecidos da poética neoclássica, como o drama, a tragicomédia, o romance, além de gêneros mistos. Em vez de gêneros, passou-se a falar de "arte" e de unidade da arte. Victor Hugo deu o sinal de partida, ao tentar mostrar a arbitrariedade, pedantismo e inconsistência da doutrina e da classificação dos gêneros.

6) Brunetière (1849-1906) constitui um capítulo à parte. Em oposição aos anteriores que pretenderam reduzir o conceito de gênero a uma pura designação extrínseca e a certos românticos que concorreram para a dissolução dos gêneros, o crítico francês tentou uma reabilitação do conceito, emprestando-lhe antes uma existência individual, comparável aos organismos vivos, com nascimento, crescimento, morte ou transformação. Era uma volta à teoria clássica, acrescentada, porém, da filosofia evolucionista e transformista, à imagem do que se passava no seio das ciências naturais. Assim, propôs-se ele traçar uma verdadeira história natural dos gêneros,

sujeitos estes às leis da evolução. Sua tentativa de conciliação entre a estética neoclássica e a teoria evolucionista partia de uma crença na realidade dos gêneros, que para ele não eram simples palavras ou categorias arbitrárias imaginadas pela crítica, mas, ao contrário, tinham vida própria.

7) Foi sobretudo em face da teoria de Brunetière que se desencadeou a reação de Benedetto Croce (1866-1952) formulada, primeiramente, em sua *Estética* (1902), embora já em publicações anteriores o assunto lhe houvesse despertado a atenção. A ele deve-se a mais sistemática negação do conceito de gênero, em nome da unidade e individualidade da arte ou da poesia, eliminando as categorias empíricas devidas à estética neoclássica, romântica e positivista. Para ele, o gênero era uma simples designação externa, posterior à operação intuitiva da criação e independente do próprio processo crítico, criada apenas para comodidade didática. Advogou, assim, o abandono completo desse conceito, a seu ver errôneo, além de vazio de realidade.

Todavia, em pronunciamentos posteriores, como demonstra Mário Fubini, Croce evoluiu de sua posição extremada e radical, contra as teorias naturalistas sobre os gêneros, em filosofia da arte, negando-lhes validade como critério de juízo e categoria estética, para um reconhecimento de sua legitimidade pelo caráter instrumental que têm em crítica e história literária, na classificação dos vários tipos de literatura, bem como em história social e moral. A evolução de sua teoria pode ser seguida através da *Lógica* (1901), *Problemi di Estetica* (1910), *Breviario d'Estetica* (1912), *Per una Poetica Moderna* (1922), *Poesia Popolare e Poesia d'Arte* (1933), *Aesthetica in Nuce* (1928), *La Poesia* (1936) e outros pontos.

De qualquer modo, a negação crociana completou a reação que se processara no século XIX, quando a crítica literária, segundo Croce, devera "*i suoi grandi progressi in molta parte all' aver abbandonato dei generi*".

8) Contudo, se a repulsa da ideia de gênero libertando a consciência literária das prisões a que a havia condenado a poética renascentista e clássica, escravizando a criação artística e o juízo crítico, por outro lado, não logrou destruí-la totalmente.

Desencadeou-se então, no século XX, a polêmica sobre os gêneros literários, culminando com o III Congresso Internacional de História Literária, em 1939, inteiramente dedicado ao problema, de cujos debates participaram alguns notáveis especialistas em teoria literária.

Do exame do histórico da questão e do estado atual das doutrinas, à luz dos que melhor trataram do assunto – Croce, Van Tieghem, Fubini, Hankiss, Wellek, Warren, Pearson, Northrop Frye –, pode-se estabelecer um certo número de conclusões, que constituem a base da doutrina que a poética contemporânea formula acerca dos gêneros em literatura, o que faz reagindo igualmente contra o negativismo radical de Croce, o extremado racionalismo autoritário do neoclassicismo e o naturalismo e evolucionismo positivistas.

9) De maneira geral, como se depreende dos trabalhos de Wellek e Hankiss, a poética contemporânea relativamente aos gêneros é descritiva e analítica ao invés de sistemática e sintética, reconhecendo que o problema não comporta uma resposta simples e única (Hankiss), e que se deve antes analisar em vez de codificar, e sobretudo que não compete oferecer regras aos autores (Wellek).

Assume, destarte, uma posição anticlássica, nisso que liberta o conceito da formulação preceptística e rija que caracterizava a poética neoclássica.

De toda a polêmica pós-romântica resultou a negação das qualidades atribuídas aos gêneros pela teoria neoclássica: a pureza, a fixidez, a hierarquia. Compreendeu-se que os gêneros não são limitados em número, e que sofrem mudanças ou transformações; que podem alguns desaparecer e novos surgir; que se podem misturar numa mesma obra; que alguns podem corresponder mais que outros às exigências ou necessidades de determinadas épocas estilísticas ou mesmo autores; que há dificuldade de classificação de certas obras; que há escritores que se subordinam apenas parcialmente aos arquétipos do gênero, modificando-os ou, por sua vez, renovando-os; que muitos gêneros se renovam ou renascem pelo contato com etapas primitivas ou populares da literatura.

Exemplos numerosos tirados da história literária comprovam sobejamente essas assertivas. A tragédia, por exemplo, não é a mesma, sem deixar de ser a tragédia, se compararmos entre si os diversos tipos que prevaleceram entre os gregos, os romanos, os elisabetanos, os franceses do período luís-quatorziano, os espanhóis do Século de Ouro, os modernos escandinavos e russos, e os mais recentes. Por outro lado, não se pode desconhecer a penetração da tragédia no romance contemporâneo, fato de extrema importância.

Igual observação se deve fazer a respeito da epopeia e do romance. O gênero épico sofreu uma diferenciação da epopeia grega para a medieval e a renascentista. Por outro lado, são diferentes o romance do século XVIII e o do século XX, passando pelo do século XIX, sem embargo de constituírem o mesmo gênero, sob formas transformadas de acordo com as teorias estéticas da época e as imposições dos gêneros individuais diversos dos seus cultores.

A melhor doutrina foi exposta por A. Warren, no livro, escrito com R. Wellek, *Theory of Literature*. Os gêneros, diz ele, não são um simples nome, como afirmou Croce. São instituições imperativas, que exercem pressão sobre o escritor, e são por ele também pressionadas e modificadas. São princípios de ordem e classificação, segundo os quais a literatura é dividida em tipos literários de organização e estrutura. Representam uma soma de artifícios estéticos, à disposição do escritor e inteligíveis ao leitor. São convenções estéticas de que a obra participa, modelando-lhes a forma e o caráter. Em conclusão, acentua ainda aquele tratadista: "o gênero deve ser concebido como um agrupamento de obras literárias, baseado teoricamente tanto sobre a forma exterior (métrica ou estrutura específica) quanto sobre a forma interna (atitude, tom, propósito)".

10) De acordo com tal concepção, a tendência mais forte é, ainda conforme Warren, no sentido de restringir o número dos gêneros àqueles que se caracterizam como de literatura propriamente criadora ou imaginativa *(Dichtung)*.

Para a poética atual, a literatura é uma arte, a arte da palavra e, como tal, somente lhe pertence o que for produto da imaginação criadora.

Assim, muitas atividades, outrora incluídas nos gêneros de literatura – como o jornalismo, a história, a filosofia, a conversa etc. – escapam ao quadro da atual teoria genológica. São atividades que pretendem a informação, o conhecimento do passado, a compreensão do universo, mobilizando antes a inteligência, o raciocínio lógico-formal, a razão especulativa, do que a imaginação. Estão, portanto, fora dos quadros dos gêneros literários.

Volta-se, destarte, à concepção grega, para a qual a literatura se reduzia a três categorias fundamentais: a narrativa, a lírica, a dramática, podendo ser em prosa ou verso. A estas se acrescentariam algumas outras formas que fogem a tal caracterização.

Se a literatura de imaginação ou criadora é uma interpretação verbal da vida por um artista, essa interpretação pode ser corporificada através de *fôrmas* que lhe emprestarão uma *forma;* são os gêneros. Para isso, contudo, o artista pode usar métodos diferentes; isto é, pode dar vazão à sua interpretação da realidade, direta ou indiretamente. É o que mostra a seguinte classificação moderna dos gêneros literários, segundo Walley e Wilson (*The Anatomy of Literature.* Nova York: Farrar & Rinchart, 1934, cap. III):

Gêneros literários: segundo o método de interpretação

Direto: explanação direta dos pontos de vista do autor, dirigindo-se em seu próprio nome ao leitor ou ouvinte: *gênero ensaístico.*
- ensaio
- crônica
- oratória
- carta
- apólogo
- máxima
- diálogo
- memórias

Indireto: veicula a interpretação através de artifícios intermediários entre autor e leitor ou público.

a) Encorpa a interpretação numa estória: *gênero narrativo.*
- Ficção
  - Romance
  - Conto
  - Novela
  - Fábula
- Epopeia

b) Oferece a interpretação sob forma de representação mimética da realidade: *gênero dramático.*
- Tragédia
- Comédia
- Tragicomédia
- Drama
- Auto

c) Sugere a interpretação sensual e emocionalmente, por meio dos artifícios líricos, símbolos, imagens, música: *gênero lírico* (poesia)
- Poemas de forma fixa
  - Soneto
  - Balada
  - Triolet
  - Rondó etc.
- Poema de forma livre
  - Ode
  - Ditirambo
  - elegia
  - Canção
  - Égloga
  - Idílio etc.

11) O estudo dos gêneros, consoante a doutrina exposta acima, consistirá na descrição de suas características, dos elementos componentes de sua estrutura, das leis que presidem à sua organização interna, tal como aparecem nos seus arquétipos, e, outrossim, a evolução que tiveram na literatura universal e suas variedades principais.

12) A abordagem da literatura pelos gêneros constitui, além de seu interesse na interpretação e estudo da história literária, um método de pedagogia.

O problema do ensino da literatura tem sido, nos últimos anos, objeto de intensa investigação e revisão no que tange ao método, tendo em vista resolver o conflito entre o estudo histórico e crítico da literatura nos currículos de humanidades.

Os gêneros oferecem ao ensino literário um meio de abordagem do fenômeno, uma porta de entrada para a literatura. Depois de longos debates sobre o assunto entre as sociedades educacionais e as universidades, nas últimas décadas, nos Estados Unidos, tem sido estabelecido, em numerosas escolas, tanto no nível secundário quanto no superior, o sistema de ensino da literatura pelos gêneros, em currículos do mais variado feitio.

O estado de esgotamento e crise a que chegou o ensino da literatura à luz do método tradicional com base na memorização de sumários do ambiente social e histórico, da biografia dos autores e das listas de obras e datas, exigiu uma mudança de processos. O que importa no ensino da literatura é a criação do gosto para a obra literária, e isto somente se consegue com a leitura e compreensão da literatura como literatura, isto é, pela abordagem através das obras elas mesmas.

E essa abordagem é melhor realizada quando se procura fazer compreender a produção literária dividida e classificada em grupos formais, os gêneros ou tipos, e estudada na sua constituição íntima, nas suas leis, nos elementos literários que compõem a sua estrutura e nos diversos meios de expressão de cada um. A ênfase é posta, assim, no aspecto propriamente literário, deixando-se para segunda etapa o pano de fundo histórico-social.

O método tem ganho muita popularidade, espalhando-se por toda a parte os cursos baseados na genologia, em que se tomam um ou mais tipos literários para leitura e estudo em profundidade, através de obras específicas de um autor do período estilístico.

O excelente resultado desses cursos tem sido largamente proclamado, pois o contato do estudante com um menor número de obras analisadas em profundidade estimula o interesse pela literatura, consolida os seus meios de apreensão pela leitura, aperfeiçoa-lhe o domínio da expressão vernácula, desenvolve-lhe a capacidade de apreciação, favorecendo-lhe a ampliação dos horizontes intelectuais, pois lhe força a passagem de obra a obra, numa escala crescente de profundidade e importância entre as obras do mesmo gênero. De modo geral, o método dirige o espírito do estudante no sentido da literatura e não no da história ou biografia, e esta ênfase só pode ter bom efeito na formação mental, humanística e literária do futuro crítico, professor, homem de letras ou leitor comum. O valor literário é o objetivo a que visa o método, favorecendo a aquisição de um sadio critério de valor literário, à luz do qual se sente e julga melhor a produção da literatura.

A essência da abordagem é a técnica indutiva, partindo-se da própria obra ou texto, escolhido o tipo. A leitura silenciosa e isolada, ao lado da leitura em grupo, a discussão em seminários sobre temas isolados para o desenvolvimento do senso crítico, a redação de ensaios de apreciação, conduzindo, sempre que possível, à comparação com outras obras do mesmo gênero.

Não é apenas a capacidade de apreciação e crítica que se desenvolve, mas incentiva-se dessa maneira a criação individual, colocando-se o espírito do jovem no âmago do próprio fenômeno literário constituído pelas obras-primas da literatura nacional e universal. Na leitura diária, o educando adquire os segredos do ofício, da técnica, da mecânica da arte literária, dos artifícios e convenções, dos materiais que se transformam em criação literária, além da terminologia específica para o tratamento crítico. É a experiência que se enriquece.

Trabalhando maciçamente sobre um gênero, o estudante adquire, ao lado do conhecimento de seus arquétipos, a capacidade de compará-los, entre as diversas manifestações no tempo e no espaço, e a aptidão de distinguir as suas características e inovações contemporâneas, o que vai ao encontro da tendência de cada um a viver em passo certo com a produção de seu tempo, que assim estará mais facilmente compreendida e julgada.

Propondo uma combinação da leitura e da análise da obra, no seu gênero, o método genológico de ensino proporciona eficiente aprendizagem da literatura, com desenvolvimento da aptidão apreciativa, do senso crítico, do gosto e do espírito criador.

13) A ideia de gênero impõe-se também na reformulação do método em historiografia literária. Este é outro problema que tem desafiado os tratadistas nos últimos decênios: a história literária. A crise do conceito levou os historiadores a buscar novos métodos, mais consentâneos com a natureza do fenômeno em lide. E uma das soluções apontadas é a que manda usar, como básico ponto de referência, a ideia de forma. Compreendendo a forma tanto relativamente às grandes distinções genéricas quanto ao aspecto formal de expressão (Pearson), conciliam-se a periodização esti-

lística e a classificação genológica. Assim, em história literária são relegadas para segundo plano as considerações de ordem biográfica e social, bem como se liberta o historiador da tirania cronológica, identificando-se no trabalho historiográfico o crítico e o historiador no exame da literatura com base na expressão formal, único denominador comum satisfatório (Pearson). Essa concepção, impropriamente chamada de formalista, implica o abandono da noção de que os velhos conceitos de forma e conteúdo existem em separado; ao contrário, são inseparáveis na obra de arte, constituindo antes uma unidade indestrutível. Essa ideia tem sido posta em relevo, sobretudo graças aos debates provocados pelas novas teorias críticas e estéticas, em especial as do formalismo eslavo. Para eles, forma é a unidade total da obra de arte e literatura é forma. Como acreditavam os gregos, cada tipo de expressão literária dá lugar ou exige uma forma e um estilo próprios.

14) A despeito de condenada à morte por diversos críticos e escolas literárias, a noção de gênero continua viva e necessária. Ela é ligada à própria natureza formal da literatura, e não há como suprimi-la. O essencial é concebê-la de um ponto de vista dinâmico.

O ato criador consiste mesmo em dar "forma" a uma visão da realidade pelo artista, que retira da natureza a sua inspiração e experiência, recriando-a ou transfigurando-a numa *forma*, derramando essa visão numa "fôrma", o gênero cria suas leis. Saindo do espírito do artista, transforma-se num todo concreto, visível, tocável. "Forma", assim entendida, não se opõe a "conteúdo", não é somente o invólucro exterior, mas o princípio vital interior, e a obra só existe porque engloba, num todo indivisível, forma e matéria. A criação toma corpo numa trama de palavras, e essa trama, por sua vez, se organiza em estruturas bem-articuladas e reguladas pelas exigências do espírito do artista, em diferentes qualidades da experiência e diversos modos de comunicação.

"Um gênero é, no princípio, uma tendência do espírito humano. O homem gosta de contar histórias. Pouco a pouco, dado o caráter dos que fazem o relato e dos que o ouvem, e por causa dos hábitos e convenções que se constituíram insensivelmente, o modo de dizer histórias torna-se uniforme. A tendência do espírito tornou-se um gênero, e o gênero cria suas leis; mas no fundo ele fica sempre uma tendência do espírito." Essa famosa citação de Faguet traduz bem o processo originário e a evolução do gênero. O ponto de partida ou a raiz é, então, uma motivação emocional, uma experiência humana, psicológica. Como afirma J.C. La Drière, as qualidades da experiência expressa formam a base dos gêneros. É essa experiência do artista, no que respeita a incidentes e pessoas, que imprime o tipo à obra. Há, portanto, que encarar os gêneros de um ponto de vista formal e psicológico.

Da perspectiva formal, as obras literárias devem classificar-se por gêneros ou tipos, tendo a tradição crítica aceito um certo número de categorias com características tipológicas bem-delineadas. A Aristóteles deve-se a formulação de uma classificação básica e simples, a que se pode retornar sem violência ao desenvolvimento da literatura, pois ela corresponde às qualidades da experiência. À maneira da comunicação acrescenta-se a qualidade da experiência, portanto o aspecto psicológico, à luz do qual compreendemos que um mesmo gênero pode apresentar-se diferentemente, conforme a motivação psicológica, a atitude ou impulso da imaginação. É o que ensina o Professor Philo Buck Jr., inspirando-se em Aristóteles, ao apontar que gêneros como a épica, a lírica, o romance, "podem ser cômicos, trágicos, satíricos ou quase tudo o que o autor encontra na experiência".

Essa doutrina favorece o entendimento do problema dos gêneros, condenando a atitude absolutista, bem como a nominalista. Aceita a realidade do fenômeno, como fundado na natureza; compreende as relações entre os diversos gêneros, os gêneros mistos, as obras que incluem vários gêneros, a flexibilidade das fronteiras dos gêneros, a sua transformação e morte, o seu reaparecimento, a adequação melhor de certos gêneros a épocas estilísticas e às preferências dos autores, a sua modificação e enriquecimento por certos autores. Ela conduz, outrossim, a uma posição mais própria a penetrar o que Philo Buck chama a *decent visibility* de certos gêneros ou obras. É que, em muitos casos, a dificuldade é grande em introduzir distinções entre uns e outros, de modo a torná-los nitidamente classificáveis sob uma qualquer categoria. Buck cita diversos exemplos. *Henry IV* de Shakespeare é tragédia ou história? Ou é drama? A tragédia modernamente reside tanto no romance de Dostoievski quanto nas peças de Ibsen. É que há uma mudança de experiência psicológica no autor e no leitor comandando as diferenças formais, estruturais e ideológicas dos gêneros através dos tempos, sem que tal significasse o abandono da longa tradição que os visualizou. E sem que isso queira dizer a negação dos gêneros como tais, pois, mesmo modificando-os ou renovando-os, os autores se submetem às suas essências, como um Joyce em relação a Balzac no que tange ao romance.

Não há, pois, que negar a noção de gênero ou abandoná-la. Ela faz parte da literatura e constitui o núcleo da crítica e da teoria literária.

4
Gênero de ficção

Entre os gêneros narrativos, isto é, aqueles em que o artista utiliza o método indireto de interpretar a realidade por meio de uma estória que a encorpa, a ficção é modernamente a que tem as preferências do grande público.

A palavra *ficção* vem do latim, *fictionem* (*fingere, fictum*), ato de modelar, criação, formação; ato ou efeito de fingir, inventar, simular; suposição; coisa imaginária, criação da imaginação. Literatura de ficção é aquela que contém uma estória inventada ou fingida, fictícia, imaginada, resultado de uma invenção imaginativa, com ou sem intenção de enganar.

A ficção é um dos gêneros literários ou de imaginação criadora (ao lado dos gêneros dramático, lírico, ensaístico). A literatura de imaginação ou de criação é a interpretação da vida por um artista através da palavra. No caso da ficção (romance, conto, novela), e da epopeia, essa interpretação é expressa por uma estória, que encorpa a referida interpretação. É, portanto, literatura narrativa.

A essência da ficção é, pois, a narrativa. É a sua espinha dorsal, correspondendo ao velho instinto humano de contar e ouvir estórias, uma das mais rudimentares e populares formas de entretenimento. Mas nem todas as estórias são arte. Para que tenha valor artístico, a ficção exige uma técnica de arranjo e apresentação, que comunicará à narrativa beleza de forma, estrutura e unidade de efeito. A ficção distingue-se da história e da biografia, por estas serem narrativas de fatos reais. A ficção é produto da imaginação criadora, embora, como toda arte, suas raízes mergulhem na experiência humana. Mas o que a distingue das outras formas de narrativa é que ela é uma transfiguração ou transmutação da realidade, feita pelo espírito do artista, este imprevisível e inesgotável laboratório. Ela coloca a massa da experiência de modo a fazer surgir um plano, que se apresenta como uma entidade, com vida própria, com um sentido intrínseco, diferentes da realidade. A ficção não pretende fornecer um simples retrato da realidade, mas antes criar uma imagem da realidade, uma reinterpretação, uma revisão. É o espetáculo da vida através do olhar interpretativo do artista, a interpretação artística da realidade.

A ficção pode ficar próxima ou distante do reino da experiência humana real. Submetendo-se ao real, temos a ficção realista; fugindo ao real, surge a ficção romântica ou fantasista.

Em literatura, portanto, a ficção é um tipo de gênero narrativo e é empregado o termo para designar o romance, a novela, o conto, embora outras formas possuam qualidades da ficção: a fábula, a parábola, os contos e lendas folclóricos, e mesmo o drama.

A ficção é, assim, uma forma artística pela qual o escritor engloba numa estória as suas ideias e sentimentos acerca da vida. Não podendo fazê-lo, por temperamento e constituição mental, através de um sistema filosófico, ele veicula a sua visão por meio de uma estória vivida por certas pessoas num determinado lugar. Ele dá a essa visão uma *forma*, a fim de comunicar-se com os seus semelhantes, enriquecendo-lhes a concepção da vida, alimentando-lhes o espírito com ideias, sentimentos, emoções, ideais, ou povoando-lhes a mente com imagens, símbolos, mitos. A experiência da vida, própria do artista, e que lhe veio tanto da própria existência vivida quanto da experiência intelectual, que é vivida, vista ou imaginada, adquirindo um significado especial, é recebida pelo leitor, que dela se enriquece.

Como todo gênero literário, para ter eficiência e alcançar o objetivo, a ficção – que é uma forma estética – possui elementos característicos perfeitamente distintos. A narrativa implica uma técnica de arranjo e apresentação, que lhe comunica estrutura arquitetônica, beleza de forma e unidade de efeito. Estas são as fontes de interesse entre a personalidade do autor e a personalidade do leitor, nesta criando um interesse absorvente, uma sintonia psíquica.

Em primeiro lugar, a ficção distingue-se da história e da biografia nisso que elas são narrativas dominadas por fatos reais. A ficção, mesmo quando recebe sugestões do real, não tem por obrigação copiá-las, reproduzi-las fielmente. Não há dúvida que a ficção tem raízes na experiência humana. Mas o que a distingue das outras formas é que ela é uma transmutação ou transfiguração da realidade. Ela impõe um molde à massa da experiência. Ela seleciona, omite, arruma os dados da experiência em ordem a fazer surgir um plano novo, de acordo com a interpretação que o artista faz da realidade. O seu sentido não é o da realidade mesma, porém aquele que o artista lhe imprime, à luz de sua visão. O mundo da ficção é imaginado, é um mundo ordenado pela imaginação criadora, não é mundo da realidade. Seu propósito não é fornecer uma fotografia da realidade, mas, por meios artísticos, criar uma ilusão da realidade. Seu objetivo principal é proporcionar essa interpretação artística da realidade. Ao lado do qual, propósitos secundários a situam como entretenimento, passatempo, estímulo, instrução, pregação.

Em segundo lugar, a ficção possui uma estrutura, resultante de uma técnica ou meios de realização, de que lança mão o artista para lograr o objetivo. Esses meios técnicos são artifícios e métodos cuja combinação constitui a forma da ficção. Constituem um dos grupos de convenções literárias.

Os elementos da ficção correspondem a três perguntas que se podem fazer em face de uma obra desse gênero. Quem participa nos acontecimentos? Que acontece? Onde e em que circunstâncias acontece?

Assim, há pessoas envolvidas nos eventos narrados, há os acontecimentos e há o lugar onde eles ocorrem. As pessoas envolvidas são os personagens; o que elas fazem, ou o que é feito a elas, é o enredo; o lugar dos fatos é o ambiente ou situação. Há ainda o tempo em que a ação decorre; o diálogo entre os personagens, ligado à caracterização dos mesmos e fazendo parte integrante deles; o estilo característico da obra; o tema, através do qual o autor manifesta a sua filosofia da vida, a sua atitude geral e sua visão do mundo. Desta maneira, personagens, enredo, diálogo, tempo e lugar de ação, estilo, temática e filosofia da vida são os elementos componentes da estrutura da ficção. Estes são os materiais com que lida o ficcionista.

Em que pese as variações de conceito quanto aos elementos da ficção, o seu estudo tem que partir da conceituação tradicional. É o que vamos fazer. Quaisquer que sejam as modificações introduzidas pelo gênio individual e pelas novas convenções literárias, esses elementos são básicos.

Além disso, variam também os modos de usar esses materiais, alguns artistas enfatizando esse ou aquele dos elementos, ou todos igualmente. Em consequência, pode-se obter formas diversas de obras de ficção, como o romance de caracteres, de ação ou aventura de ambiente, atmosfera ou cor local, conforme é o personagem, o enredo ou o ambiente que predominam no tipo de ficção.

Personagem

As pessoas que aparecem numa história, ou que participam da ação de uma peça de teatro, um romance, um filme, constituindo o *elenco*, são os personagens. A palavra procede do latim, *persona*, máscara de teatro, e depois *papel*[5].

Para a criação dos personagens, o autor inspira-se na história, em pessoas de seu conhecimento, nas leituras, na sua própria biografia, ou os constrói da pura imaginação. Por outro lado, os personagens podem ser pessoas comuns ou extraordinárias, animais, personificações de ideias, forças naturais ou coisas. Assim, as suas fontes de inspiração são o conhecimento direto, indireto ou a pura imaginação. De qualquer modo, porém, jamais num grande artista o material da experiência é diretamente transferido para o seu livro. Sempre há lugar para a imaginação funcionar, transfigurando o que a observação lhe favorece. Depende de ser um espírito de tendência realista ou de molde romântico, a sua maior ou menor fidelidade ao real.

Os personagens de uma narrativa podem ser analisados de acordo com a variedade ou a função. Há três espécies de personagens quanto ao volume ou conjunto de qualidade que os caracteriza: o personagem individual, o típico e a caricatura.

O *indivíduo* é aquele que se ergue acima do comum da humanidade com caracteres pessoais que o isolam dos demais, acentuando sua individualidade. O *típico* ou *tipo* é representativo de um grupo

---

[5] Em português e nas outras línguas românicas, não é tradição usar-se a palavra *caráter* como sinônimo de personagem, tal como em inglês, no qual quer dizer também um personagem de ficção ou drama. Todavia, o uso moderno, em português, vai impondo as palavras *caráter, caracterizar* e *caracterização*, para significar o personagem e o ato de criar ou retratar os personagens em romance ou teatro. A tradição neolatina é reservar a palavra *caráter* para designar o conjunto de traços distintivos de uma pessoa ou grupo, uma fisionomia psicológica ou moral; ou então para significar a pintura dos sentimentos, das paixões, das ideias dos personagens de uma obra literária. Ex.: os caracteres de Balzac são superiores aos de Dumas. Contudo, há um exemplo de Machado de Assis que parece responder ao sentido inglês: "Já recebi e já li o *Canaã*; é realmente um livro soberbo e uma estreia de mestre. Tem ideias, verdade e poesia: paira alto. Os caracteres são originais e firmes, as descrições admiráveis" (Carta a José Veríssimo. In: NERI, Fernando. *Correspondência de Machado de Assis*. Rio de Janeiro: Américo Bedeschi, 1932, p. 133). Por outro lado, embora em português o uso oscile entre o masculino e o feminino, a tendência para o emprego de *personagem* no masculino é mais forte.

nacional, profissional, racial, regional. O *caricatural* é o que se singulariza pelo desenvolvimento exagerado ou pela ênfase dada a uma qualidade ou alguns traços. Capitu é uma personagem individual, José Dias uma caricatura. O Capitão Smollet de *A ilha do tesouro*, de Stevenson, é o personagem típico do marinheiro.

Consoante a função que exercem – uma ou várias – na estória, ou de acordo com o uso que deles se faz ou o seu destino na trama, os personagens podem ser: protagonistas, antagonistas, secundários, confidentes, de contraste, narrador. A função tem importância capital na caracterização, tanto no que respeita à natureza quanto ao valor dos personagens.

O *protagonista* (do grego *protos*, primeiro, *agonistes*, que contesta) é o personagem principal, o herói ou heroína, a figura central, em torno da qual giram os acontecimentos, e cujo destino atrai a simpatia e identificação do leitor. Numa estória pode haver protagonistas menores (que não são personagens secundários). Capitu é um protagonista, Bentinho é um protagonista secundário.

O *antagonista* é o que responde ou contesta ao protagonista, isto é, desafia-o, opõe-se a ele e a seu destino. É o vilão da estória, podendo ser pessoa ou força interna ou externa. Como forças externas, citam-se as potências da natureza (tempestades, mar etc.), os fatores ambientais (influência de ambientes sociais degradantes ou vice-versa, educação etc.), destino etc. Quanto às forças internas, consideram-se as virtudes ou defeitos (como o orgulho, o preconceito), as doenças morais ou físicas etc.

Personagens *secundários* são todo o conjunto de figuras que participam dos acontecimentos sem importância decisiva na ação, e exercem o papel de expositores, de influência em protagonistas, de criadores de comicidade ou tragédia, ou de atmosfera típica. Correspondem ao coro no teatro antigo, constituindo o pano de fundo da cena.

Alguns personagens secundários podem desempenhar o papel ora de *confidente*, ligado ao protagonista e servindo-lhe de esteio para os seus diálogos e raciocínios, como o caso do Dr. Watson em relação a Sherlock Holmes; ora de *contraste*, completando ou esclarecendo a personalidade, a que é subordinado, do protagonista (D. Quixote e Sancho Pança).

O *narrador* é o que narra a estória, podendo ser o protagonista (as narrativas em primeira pessoa) ou um personagem secundário, ou uma pessoa, de fora da ação, que não toma parte na estória.

Há a considerar uma diferença entre o personagem chamado *estático* ou estacionário, o qual se delineia com as suas qualidades completas logo no início e assim permanece até o final; e o *evolutivo*, cujas características se vão desenvolvendo à medida que a ação progride e sob a influência dos acontecimentos, dos demais personagens ou do ambiente.

Outra classificação do personagem foi proposta por E.M. Forster, em seu livro capital *Aspects of the novel* (1927): planas e redondas. As primeiras denotam uma qualidade apenas e não têm profundidade; são de duas dimensões, altura e largura e não oferecem surpresa, são estáticas. São tipos e caricaturas. As segundas possuem várias qualidades, são complexas, multiformes, são caracteres ou símbolos, tridimensionais e dinâmicos.

A esse problema liga-se o do método com que o artista delineia ou apresenta os seus personagens, os métodos direto ou explícito e indireto ou implícito.

De um lado, o narrador pode oferecer o seu retrato diretamente ao leitor através de descrições e comentários (seja por si mesmo ou por algum personagem), explicando ou expondo o que pensa a respeito da figura, analisando-a e interpretando-a para o leitor, moralizando sobre sua conduta ou caráter. Isso pode ser feito por meio de flagrantes expositivos ou por análise progressiva, mas sempre traduzindo o juízo do autor acerca do personagem. O autor interpõe-se entre personagem e leitor, como uma espécie de intérprete necessário daquilo que só ele se julga conhecedor.

Quanto ao método implícito ou indireto, é aquele em que os traços do personagem são revelados através das inferências que se podem obter da própria narrativa, das palavras e ações dos personagens, dos comentários e reações de outros participantes. O autor ausenta-se da estória, deixa que o leitor faça o conhecimento por si mesmo. É um método mais artístico, e, pelo fato de que se parece com o usado no teatro, também se chama dramático.

Todos esses recursos técnicos na pintura de personagens nem sempre aparecem isoladamente, o mais das vezes combinam-se. Os próprios personagens raramente são simples, mas complexos, como na vida, ora combinando vários traços, ora subordinando diversos a um que predomina por ser mais forte ou mais característico da estória.

Dispondo dos artifícios técnicos para a caracterização, o ficcionista integrará e dará corpo a seus personagens utilizando-se de vários outros processos, seja de descrição, seja de captação de comportamento e ações: descrições físicas, reprodução de gestos, hábitos, maneiras, cacoetes, fala, atitudes, comportamento com os semelhantes, descrições de ambientes, recordações do passado, apelidos e nomes, monólogo interior etc.

Outro ponto de importância é o que diz com a apresentação ou introdução em cena dos personagens. João Ribeiro, em *Colmeia* (1923), tratando das pessoas do conto, baseado em trabalho de E. Hess, mostra as maneiras de dar entrada a um personagem: apresentação *épica* e apresentação *dramática*.

A primeira é "feita narrativamente pela indicação de pessoas e coisas como nas epopeias": "Era uma vez uma agulha"; "Agora contarei a história do relógio do ouro" (Machado de Assis).

A dramática mostra os personagens como em cena, apresentando-se por si mesmos, pelas suas palavras e atos, por monólogos ou diálogos. "Ah! o senhor é que é o Pestana" (Machado de Assis).

Todos esses recursos, alguns convencionais, outros revolucionários, têm sido empregados com vistas a tornar sempre fascinante o processo literário da caracterização, os artistas variando ao infinito as combinações e as invenções de modo a lograr o máximo de realidade e vida nas figuras que povoam a galeria universal da literatura.

Enredo

É o segundo elemento da ficção, o resultado da ação ou da vida dos personagens, e das suas ações e interações na estória. É o que acontece, o conjunto de incidentes que compõem a narrativa, organizados em unidade artística e segundo uma arquitetura. Também se conhece como trama, intriga, ação, fábula, e constitui a espinha dorsal da narrativa.

Aristóteles considerava o enredo o elemento essencial. A unidade do enredo na narrativa é fornecida por uma lógica interna, criada pela ordenada relação entre os acontecimentos. A visão que formamos da realidade, o ficcionista coloca sob a forma de uma trama, em vez de fazer como o filósofo, que a expõe em termos de abstração.

O enredo ou esquema da estória pode o autor receber da observação, de recordações do que presenciou ou leu, ou por simples invenção, ou ainda lhe é sugerido pelos acontecimentos do cotidiano em torno dele, da sua cidade, do seu país, da história, das lendas e tradições. Esse material o artista mistura ao molho de sua fábrica, no dizer de Machado de Assis, daí retirando a sua estória conforme lhe dita a imaginação construtora. Ele o transfigura, criando outra coisa, uma nova realidade.

Há uma unidade no enredo, proporcionada pelo fato de que os acontecimentos que o compõem se ligam por uma relação causal, direta ou indireta, um nexo lógico. O espírito seletivo do artista deve eliminar tudo aquilo que, parasitando a narrativa, possa quebrar-lhe a unidade. Só o que for ilustrativo do tema merece permanecer. O motivo diretor, central, não pode ser prejudicado por qualquer incidente.

Assim, portanto, o enredo é um artifício, estruturado por um nexo de causa e efeito, com acontecimentos inter-relacionados num todo e numa união estrutural. Implica a noção de mudança e desenvolvimento. Não basta, como salientou E.M. Forster, uma simples sequência de fatos cronologicamente arrumados, para que haja enredo.

Foi somente no século XIX que os ficcionistas fixaram, rigorosamente e com grande êxito, a técnica do enredo, embora as noções teóricas fundamentais já fossem conhecidas desde Aristóteles. No século XX, desencadeou-se uma reação contra o enredo, muitos escritores tendo subestimado o seu papel na ficção.

Para Aristóteles, e nele se baseia o conceito clássico do enredo, este é uma ação completa e forma um todo, dotado de começo, meio e fim. Os acontecimentos se originam em situações vitais, que mudam forçados pela lógica de probabilidade ou necessidade e são conduzidos a um desfecho inevitável. Aristóteles distinguiu ainda o enredo "simples" e o "complexo"; o primeiro, uma série de acontecimentos cronologicamente organizados, enquanto o segundo é dominado pela noção da mudança, da dinâmica, provocada por várias e intricadas séries de linhas causais.

O enredo clássico típico desenvolve-se conforme o seguinte esquema estrutural: apresentação ou exposição; involução ou complicação; clímax; solução, conclusão ou desenlace. Em geral, esses elementos se ordenam em sequência, na ordem indicada. Nem sempre, contudo, podendo o escritor variar a sua ordem de maneiras diversas, começando ora pela apresentação, ora pelo desenlace etc.

A *apresentação* ou *exposição* é aquela em que o autor explica certas circunstâncias da estória, estabelece a ambiência, ou define os personagens. Ela pode vir no início da estória ou ser salpicada ao longo dela, conforme o seu plano geral, o tipo da narrativa ou os interesses do suspense. Em certas estórias os personagens são apresentados logo de saída, em outras, as de tipo evolutivo, eles vão crescendo aos olhos do leitor à medida que a estória progride. Por outro lado, essa etapa do enredo tem sido frequentemente omitida, por desnecessária, a estória entrando logo na complicação.

A *complicação* é a fase em que se processa o enredamento dos fatos, habitualmente provocado pelo choque entre o protagonista e o antagonista. É o conflito, desencadeador de perturbações na vida dos personagens. É uma fase em ascensão, em que as relações entre os personagens estão em choque e eles em luta. Essa fase corresponde ao que em francês se chama o *nouement*.

O *clímax* é o ponto alto da complicação, aquele em que ela se encontra com a solução. É o ápice da estória, o momento culminante de tensão e do suspense, além do qual não é mais possível continuar. O clímax pede a solução, aponta para ela. O conflito entre protagonista e antagonista atinge o máximo de violência. É mister assinalar que numa estória pode haver clímax principal e clímax secundários ou parciais, de episódios subsidiários ou secundários do enredo.

A *solução, desenlace* ou *conclusão* é o *dénouement*, são os acontecimentos que sucedem o clímax, estão nele implícitos, e levam a estória ao final e tudo se esclarece, desenrolando-se os fios da trama. É o momento da grande destruição trágica, da morte, das revelações de identidade, da solução dos mistérios, da união dos amantes, da descoberta e morte dos vilões etc.

Essa estrutura tradicional do enredo oferece ampla margem à variação e à invenção. Por outro lado, o enredo principal admite a existência de subenredos ou enredos secundários, que, assim como o clímax secundário, conduzem ao principal. Há ainda os enredos amplos e múltiplos.

Há que considerar ainda dois tipos de enredo: o orgânico e o episódico. O segundo resulta de certo número de episódios ou partes, mais ou menos completas e independentes entre si, e que poderiam ser extraídas do conjunto. É o caso do *Robinson Crusoé* de Defoe, como do *D. Quixote* de Cervantes. O enredo orgânico é aquele em que os acontecimentos se sucedem inter-relacionados, de modo a não poderem ser retirados do conjunto sem prejuízo da unidade e da lógica. É exemplo disso o *Madame Bovary*, de Flaubert.

Ambiente

O terceiro elemento da ficção é o *ambiente, cenário, localização* ou *situação*. É o local onde os acontecimentos ocorrem. É o fundo da cena, o "meio" da ação. Tem importância na ação? Ou é apenas um instrumento de criação de atmosfera típica?

A influência do ambiente sobre a estória é inegável. O personagem surge do meio, do qual adquire as motivações de sua existência. Muitas tramas decorrem de conflitos gerados por situações locais – cortiços, população mineira, famílias etc. Grandes livros de ficção seriam outros naturalmente, se diversos houvessem sido os ambientes em que se desenrolaram os acontecimentos narrados. As circunstâncias mudam, e com elas os fatos.

O ambiente é o conjunto de elementos materiais ou espirituais que formam o local onde vivem os personagens e se desenvolve a ação. Esses elementos podem ser físicos: naturais (a terra, o oceano, as montanhas, os animais, a flora); criações humanas (fábricas, cidades, casas etc.). Ou fatores mentais (tradições, costumes, crenças, hábitos de pensamento, convenções, instituições etc.).

De acordo com a ênfase posta nesse ou naquele fator, a ficção torna-se pictórica ou de cor local, ou regional; e de atmosfera. No primeiro caso, predominam os elementos físicos (ambiente geográfico, vestes, costumes, língua etc.); no segundo, um estado emocional e intelectual, que cria um halo indefinível em torno dos personagens e acontecimentos.

Ainda outros elementos devem ser considerados no que respeita à organização interna da ficção.

Tema ou assunto. É evidente que uma peça de ficção não é um ensaio ou a simples personificação ou vivificação de uma ideia. Devemos evitar a falácia da caçada ao tema, pois a ficção é uma obra de arte e não se reduz a mera generalização abstrata ou sumária da ideia que possa conter. Mas, não obstante essa ideia ser secundária, ela contribui para o sentido da estória. Ela é parte da concepção que o escritor tem da vida. Às vezes, a ideia é apresentada sob forma alegórica ou parabólica, outras o conteúdo tem um sentido moral, político ou religioso.

É velha a classificação da ficção de acordo com o tema, em: histórica, de aventura (ação abundante e violenta), amorosa, de mistério (enigma, usualmente de crime), de horror (sobrenatural e terrífico).

Ao lado desses tipos, há outros de caráter quase espúrio, como a ficção de tese (religiosa ou política), de propaganda, os *roman-à-clef* (figuras contemporâneas como principais personagens, disfarçados com nomes fictícios) etc.

É mister assinalar que uma estória pode ter subtemas ou temas secundários.

Linguagem e estilo. O efeito de uma peça de ficção decorre em grande parte da língua, e do bom uso que dela faz o autor, corporificando um estilo. Todas as considerações concernentes ao estilo em geral são pertinentes e válidas para a ficção. Máxime não nos é possível esquecer a noção de que forma e conteúdo constituem uma só força organizadora da composição novelesca. O arranjo eficiente das palavras – estilo – é um a mais dentre os recursos utilizados pelo artista para estruturar a sua obra. As palavras, as imagens, as ideias, os personagens, o cenário, tudo vive em função da estória e seu êxito. De modo que a manipulação da língua, consoante os diversos processos retóricos e estilísticos, é meio fundamental na ficção, tendo em vista especialmente que os dois recursos mais usados por ela são a narrativa e a descrição.

Outro aspecto importante do problema é o que diz respeito às diferenças de linguagem, no diálogo, de acordo com as diversidades de personagens. Assim, o estilo, a esse respeito, está intimamente ligado ao ponto de vista, variando de conformidade com o padrão do personagem que fala ou narra a estória, isto é, o seu grau de educação, a sua idade, origem, experiência, temperamento, competência. O diálogo é, assim, uma pedra de toque da ficção no que concerne ao manejo da língua.

Tempo. A manipulação do tempo na narrativa é outro importante problema. Seu uso requer uma grande flexibilidade e apuro. O autor deve usar uma série de artifícios e táticas de narrativa a fim de dar ao leitor a exata ideia da marcha do tempo na estória, ou para encurtá-la e acelerá-la de acordo com as necessidades.

A noção principal a reter é a de que o escritor deve assumir uma atitude de grande flexibilidade, variando os artifícios de modo a equilibrar a narrativa, ora acelerando-a, ora retardando-a. Não há fórmulas previamente fixadas, absolutas, infalíveis. A maioria das boas estórias sofreu mudanças de tempo no curso do desenvolvimento da trama. O essencial é a impressão final de uma forma coerente interna, na marcha dos acontecimentos e nas descrições.

Em seu estudo sobre a técnica da ficção, Macauley e Lanning mostram que há dois métodos – o cênico e o narrativo – à disposição do escritor, os quais ele deve usar de mil maneiras, variando-os para evitar a monotonia e dar a impressão da realidade. O primeiro é de cunho descritivo, visual, recorrendo ao diálogo, para que os fatos passem pelos olhos e pelos ouvidos. É importante que as cenas e as narrações se intercalem, se sucedam, de maneira coerente.

O uso próprio desses artifícios é que mantém a marcha do tempo. O tempo de uma narrativa é, assim, a velocidade com a qual ela se movimenta, arrastando os personagens, fazendo-os moverem-se.

Essa velocidade é determinada, como vimos acima, pelo uso dosado de narrativas e descrições, pela natureza dos incidentes, pela ênfase maior ou menor posta neles.

O tempo de uma narrativa pode ser acelerado ou retardado. No primeiro caso, o efeito é obtido habitualmente por predomínio de incidentes de ação, de exterioridades; os incidentes surgem ou se sucedem de maneira apertada. Para o retardamento, emprega-se pouca ação, muita análise psicológica de personagens, muita descrição minuciosa. A narrativa pode ainda fornecer uma impressão de normalidade de tempo, quando o artista equilibra a ação com a análise, a descrição com a narrativa, as paradas e a sequência cronológica.

Um artifício bastante usado na narrativa é o recuo no tempo (*flashback*), um dos muitos de que lança mão o artista para entremear o passado e o presente. Esse processo tem que ver com a ordem da narrativa e da estrutura do enredo. Uma estória pode começar pelo final e reverter ao ponto de partida dos acontecimentos que fizeram o herói chegar àquele ponto. É um processo tão velho quanto a literatura. Na *Odisseia*, Homero deu o padrão do processo, colocando no começo do poema a assembleia dos deuses, pela qual se sabe que Ulisses, segundo resolução ali tomada, regressará a casa. Mas a estória das suas aventuras passa a ser contada num *flashback* até culminar com a sua chegada aos penates.

O problema do tempo é fundamental em ficção. E o narrador tem que estudá-lo a fundo, nos seus vários aspectos e nas diversas estratégias de solução, para ter êxito na sua arte.

Dispondo dos elementos estruturais, que compõem o esqueleto da ficção, o autor depara-se ainda com problemas que deve resolver a contento a fim de dar eficiência à sua estória. Chama-se eficiente a obra que alcança êxito artístico no público. Para isso, há os problemas de arte cuja solução adequada se impõe ao narrador.

Já vimos anteriormente que o artista não utiliza todo o material de que dispõe. Ele seleciona, guardando o que é pertinente ao objetivo, eliminando a matéria estranha. Só o que é necessário ao seu propósito entra na estória.

Conforme a seleção é feita em corte longitudinal, transversal ou em profundidade, podemos ter três tipos de narrativa: no primeiro caso, a ação se desenvolve em comprimento; no segundo, apresenta uma seção a que falta a continuidade do tempo, expondo um quadro complexo, com muita gente e situações ao mesmo tempo; no terceiro caso, há a tendência à análise da psicologia individual, profunda. Todavia, esses casos raramente aparecem isolados, em estado puro. Mais importante, porém, é a questão do *suspense*. O autor tem que dispor o seu material de jeito a despertar e manter o interesse do leitor. A estória não causa o efeito de modo instantâneo, mas por uma progressiva revelação de suas partes. A impressão e o interesse são obtidos e mantidos pelo *suspense*, isto é, o estado emocional criado no leitor pela incerteza do que vai ocorrer depois, e de como será o desenlace da estória. Também influi na natureza dos personagens. Esse estado de *suspense* deve-se à boa disposição do material. Independe da ordem da narrativa, pois esta pode variar sem prejudicar o *suspense*, inclusive a estória pode iniciar-se pelo desenlace ficando respeitado o *suspense*. O interesse numa estória está estreitamente vinculado à relação personagem-acontecimento, pois os acontecimentos em grande parte resultam do caráter dos personagens e da maneira como evolui e se transforma.

Fundamental na narrativa é o problema do *ponto de vista*, isto é, a posição da qual o autor conta a estória. O bom êxito da narrativa depende, em grande parte, da solução adequada do problema. Quem contará a estória? São os diversos ângulos de visão em que se pode situar o narrador. É clara a relevância do assunto, porque um episódio pode ser diferentemente visto, julgado e testemunhado consoante o posto de observação em que se coloca a pessoa que narra. E o relato de um mesmo fato pode variar se diferentes são os narradores, conforme ensina a psicologia do testemunho. A importância desse problema não foi entrevista pelos antigos ficcionistas e, particularmente, a partir dos ensaios de Henry James, acerca da arte da ficção, é que se começou a projetar luz sobre o assunto. Desde então, a maioria dos teóricos e tratadistas o têm posto em relevo e discutido com atenção. É um problema complexo, que aqui só pode ser tratado em suas linhas gerais. Sua importância relaciona-se com o método narrativo, com o processo de caracterização e com o sentido global da estória, afirmam Macauley e Lanning. Deve, por isso, ser bem escolhido o ponto de vista da narração, seja este, seja aquele ou uma combinação de vários, pois há amiúde necessidade de complicadas diferenciações na narrativa de um evento, de modo a exigir do narrador a colocação em diferentes ângulos de visão.

Imagine-se uma grande rua, na qual uma multidão celebra um acontecimento cívico. De repente estala um conflito entre dois grupos de manifestantes, que degenera e se alastra.

Alguém vai narrar o acontecimento. Este alguém pode estar no meio dos fatos, na rua, e vai contar a estória, portanto, de dentro da ação, como partícipe dos acontecimentos. O método que usará é o *interno*. A narrativa será feita em *primeira pessoa*, e, no caso de uma narrativa de ficção, o escritor conta a estória como participante da ação, adotando o artifício de confundir a sua personalidade com a do personagem, seja este o protagonista, seja outro qualquer figurante ou mais de um. É a estória contada do ponto de vista do autor, que é também narrador, ou autor-narrador.

No caso de ser a narrativa feita pelo personagem principal, é claro que se torna mais limitado àquilo que ele presenciou, sente ou pensa. Quando é um personagem secundário, o âmbito de experiência abarcado é maior, embora seja ainda limitado. No caso de vários personagens secundários, os acontecimentos são vistos e contados de vários ângulos, como nos sumários de culpa dos tribunais e nos romances epistolares.

Mas a ação pode ser vista e contada por uma pessoa situada fora dos limites dos acontecimentos; o relato é feito em *terceira pessoa*, e o ponto de vista é *externo*. É o caso de uma pessoa que estivesse numa janela diante da rua fazendo o relato dos acontecimentos a outras colocadas dentro da sala, sem possibilidade de olhar para ver também o que se passa na rua. No caso de uma obra de ficção, o autor ou narrador não se identifica com as circunstâncias da estória, falando francamente como autor. É, pois, responsável pela estória, e seu conhecimento dela é total, porque ele é quem a cria e a faz, narrando-a ao mesmo tempo. O autor sabe tudo a respeito de personagens e acontecimentos. Daí chamar-se *onisciente* esse tipo de ponto de vista, pois se confunde com a visão do Criador, que tudo sabe e tudo pode, porque está em toda a parte, acerca de suas criaturas.

Mas o narrador de terceira pessoa pode restringir o seu âmbito de visão, limitando o seu conhecimento a um personagem e seus atos, mostrando os outros apenas nas suas relações com o primeiro. É o ponto de vista *limitado*, que dá uma grande ilusão de vida.

Ainda uma terceira variedade é apontada, a *restrita*, em que o autor cifra-se apenas às exterioridades dos personagens e fatos, que podem ser apreendidas por um observador objetivo, imparcial, desinteressado, não preocupado com interpretar, nem analisar o interior, deixando que fatos e pessoas falem por si mesmos ao leitor. É a maneira dramática, teatral ou visual (e não mental) de um Maupassant e numerosos modernos ficcionistas.

O narrador onisciente, conforme salientam Macauley e Laninng, pode assumir uma grande variedade de táticas, pois esse tipo de ponto de vista é o mais flexível e que propicia maiores recursos:

a) Pode fazer uso de um certo número de pontos de vista individuais, tomando emprestado o ângulo de visão de um personagem específico toda a vez que isto lhe sirva ao propósito.

b) Pode usar a técnica teatral de mostrar, não dizer, quando quer provocar uma olhada objetiva para as coisas.

c) Pode analisar a estória usando comentários críticos e generalizações, naturalmente com discrição e sem quebrar a harmonia.

d) Pode formar uma visão panorâmica dos acontecimentos, dando um relato de episódios simultâneos ou cenas distantes.

e) Pode descobrir múltiplas facetas de um personagem prontamente e com plausibilidade.

Outro problema importante, e relacionado estreitamente com o do ponto de vista, é o da posição do narrador em relação à estória. Ele pode isolar-se dela ou intrometer-se no relato como um intérprete ou comentador.

De um lado, há a atitude pessoal, a do autor-intruso, em que ele explica os fatos e personagens à medida que a narração prossegue, interferindo, dirigindo-se ao leitor ("o amável leitor"). É o tipo muito usado por algumas figuras da ficção moderna, um Fielding, um Thackeray, e, entre nós, Machado de Assis.

A outra forma é a *impessoal* ou épica, segundo a qual o narrador se isola da narrativa, mantendo-se distante do leitor, apresentando a vida diretamente através do material da estória. É a utilizada pela maioria dos modernos contadores de estória, por dar maior ilusão de realidade e maior plausibilidade e verossimilhança.

Variedades da ficção

O gênero narrativo da ficção varia de forma de acordo com determinadas leis intrínsecas. Assim, a forma de uma narrativa de ficção resulta da extensão do material utilizado, da esfera de ação ou âmbito e, de outro lado, da organização interna desse material, de modo a produzir a unidade de efeito.

O âmbito ou extensão do material é, pois, o fator que determina a diferença de formas da ficção.

As principais são: o romance, a novela e o conto[6]. Distingui-las e defini-las é um problema sério e de solução não fácil em teoria literária.

Entre o romance e a novela a distinção é mais quantitativa do que qualitativa: a novela é obra de menor extensão, cobre um cenário mais reduzido, lida com menor número de personagens e incidentes, limita-se a maior economia de tempo e espaço, apresenta uma menor extensão de vida e a narrativa é habitualmente monolinear e às vezes mais intensa. Mas o método do narrador de novela é praticamente o mesmo do romancista e o material com que trabalha é semelhante. Note-se que a maior parte dos romancistas tende modernamente para a condenação e economia da novela, tornando-se cada vez menos comum o romance extenso que fez época nos séculos XVIII e XIX.

Já a caracterização do *conto* em relação ao romance e à novela é tanto qualitativa quanto quantitativa.

O romance é uma longa história que visa a produzir um efeito pela incorporação de uma grande massa de experiência através de uma série de incidentes, muitas personagens e um enredo complexo, usando todos os artifícios técnicos, realizando um corte longitudinal ou transversal no tecido da vida.

O conto, em método, em estrutura e em material, é inteiramente diverso como tipo artístico. Em vez de um corte na vida, para dar a impressão de totalidade, o contista oferece uma amostra, através de um episódio, um flagrante ou um instantâneo, um momento singular

---

[6] As palavras diferem nas línguas modernas: romance é *roman* (francês), *novel* (inglês), *novela* (espanhol), *romanzo* (italiano), *Roman* (alemão). Novela é *nouvelle* (francês), *nouvelette* (inglês), *novèlla* (italiano), *Novellen* (alemão). Em espanhol, *novela* corresponde a *romance*. Conto é *conte* (francês), *short-story* (inglês), *cuento* (espanhol). Por influência de *novel* (inglês) e *novela* (espanhol), é muito comum usar-se *novela*, em português, para designar o *romance*, o que é um erro. É o caso, por exemplo, de "novela picaresca" em lugar de romance picaresco.

e representativo. Procura obter a unidade de impressão rapidamente, à custa da máxima concentração e economia de meios, e graças à simplificação, gradação e progresso direto da narrativa. No conto, a seleção é regra absoluta, sem a qual não é possível a concentração e harmonização, nem tampouco a ênfase no essencial.

Evolução sumária

O cultivo da ficção remonta às literaturas antigas. Os livros que mais de perto se situam no gênero são: *Dafnis e Cloé*, de Longus, *As metamorfoses*, de Apuleu, *O satírico*, de Petrônio.

Na Idade Média, a *novèlla* italiana deu grande impulso ao gênero, sobretudo no século XIV, com as *Cento novelle antiche*, a que se seguiram *Il decamerone*, de Boccacio, e as *Trecente novelle*, de Sachetti. A Espanha concorreu com uma variedade nova, a *novela picaresca*, e deu a obra-prima de Cervantes, o *D. Quixote* (1605). A novela italiana teve também grande voga na França, onde apareceu uma obra de grande importância na narrativa, o *Gargantua* (1535), de Rabelais. Mas foi na Inglaterra, no século XVIII, que se situou a encruzilhada do gênero. Richardson, Fielding, Smollet, Defoe, Sterne, depois de Bunyan e Swift, colocaram os fundamentos da ficção moderna. Outras experiências importantes foram fornecidas pelo romance gótico, romance histórico e *roman-noir*, a partir da Inglaterra, e depois na França. Destacaram-se Walter Scott, Ann Radcliffe, Jane Austen, Charles Dickens, Thakeray, George Eliot, Victor Hugo, Alexandre Dumas, Eugene Sue. Criara-se e se expandira o público ledor, os ingleses haviam incentivado o gosto pelo realismo no relato e análise dos costumes e no retrato de caracteres, o que os franceses vieram a enfatizar; Balzac, Stendhal, Flaubert, Zola, Maupassant imprimiram ao gênero cunho de objetividade e realismo cada vez maior, tanto no romance quanto no conto. A eles se acrescentaram russos, como Dostoievski, Tolstoi, Tchecov; ingleses, como Hardy, Meredith, Conrad, James. Mais tarde, já no século XX, Proust, Joyce, Virgínia Woolf, Thomas Mann, André Gide, Franz Kafka, Katherine Mansfield e outros, introduzindo novas técnicas de narrar, construir personagens e analisar a alma humana, elevaram o gênero de ficção (romance, novela e conto) às mais requintadas formas e a uma popularidade sem limites, hoje a mais difundida das formas literárias.

No que diz respeito ao conto propriamente dito, também cultivado desde as mais remotas eras, de narrativa simples e reduzida, frequentemente de intenção moralizante, evoluiu para a forma moderna, a princípio segundo o cânon rígido de início, meio e fim, para adotar tipos mais flexíveis. Maupassant, na França, Tchecov na Rússia, Henry James, Stevenson, Conrad na Inglaterra, Edgard Poe, nos Estados Unidos, elevaram o gênero ao máximo da perfeição.

Na literatura brasileira, a ficção desenvolveu-se a partir do romantismo. De conformidade com o espírito e a estética dessa escola, e acrescida de certas peculiaridades locais, como o indianismo, sem falar em alguns precursores, surgiu a ficção com Teixeira e Sousa, Joaquim Manuel de Macedo, José de Alencar, Bernardo Guimarães, Franklin Távora, Visconde de Taunay; em seguida, com o realismo, o naturalismo, o impressionismo, Machado de Assis, Aluísio Azevedo, Inglês de Sousa, Domingos Olímpio, Adolfo Caminha, Raul Pompeia, Coelho Neto, Lima Barreto, Afrânio Peixoto, Xavier Marques, Graça Aranha; e, com o modernismo, José Américo de Almeida, José Lins do Rego, Jorge Amado, Otávio de Faria, Lúcio Cardoso, Cornélio Pena, Raquel de Queirós, José Geraldo Vieira, Érico Veríssimo, Graciliano Ramos, Amando Fontes etc. No terreno do conto, a contribuição brasileira é notável: Machado de Assis, Medeiros e Albuquerque, Coelho Neto, Artur de Azevedo, Afonso Arinos, Valdomiro Silveira, Alcides Maia, Viriato Correia,

Gustavo Barroso, Mário Sete, Monteiro Lobato, Carvalho Ramos, Lima Barreto, Gastão Cruls, Adelino Magalhães, Mário de Andrade, Alcântara Machado, Simões Lopes Neto, João Alphonsus, Ribeiro Couto, Marques Rebelo, Orígenes Lessa, Aníbal Machado, Guimarães Rosa, Clarice Lispector, Dalton Trevisan etc. Tanto o romance como o conto, encontram-se no Brasil em busca da grande síntese de elementos locais e universais, de temática regional ou pesquisa psicológica, que forme uma imagem do homem e da realidade brasileira de significação universal.

MACAULEY, R. & LANWING, G. *Technique in Fiction*. Nova York: Harper & Row, 1964.

5
Gênero épico

A palavra epopeia vem do grego (*epos*, canto, narrativa; *poieo*, fazer). Também vem da Grécia Antiga, na sua forma modelar. Homero foi o seu criador em duas obras-primas do gênero, a *Ilíada* e a *Odisseia*, as fontes não somente das epopeias ocidentais, senão também do gênero narrativo.

Muito tempo a teoria poética e retórica definiu e classificou a epopeia como gênero poético (lírico, épico e dramático). Superada essa divisão das formas literárias pelo critério do verso-prosa – no caso da epopeia essa divisão ainda é menos válida porque há epopeias em verso e em prosa –, resolve-se o caso desse gênero reunindo-o à ficção sob a rubrica genérica de formas narrativas. É que a essência da epopeia não é aparecer em verso ou prosa, mas ser uma *narrativa*, de caráter heroico, diversamente da ficção, que é narrativa de cunho não heroico envolvendo fatos e pessoas da vida comum e média.

Portanto, define-se a epopeia como uma composição literária de natureza narrativa, com acontecimentos em que se misturam fatos comuns, lendas e mitos, heróis e deuses, numa atmosfera de maravilhoso. Lendas são narrações fantasiosas, de cunho popular; mitos são relatos, sob forma às vezes alegórica, relativos a uma ordem do mundo anterior à atual e visando a representar e a explicar um fenômeno ou uma lei orgânica da natureza das coisas; heróis são homens notáveis, fora da média comum, de caráter superior, autores de façanhas extraordinárias ou heroicas, ditadas pelo patriotismo, bravura marcial, espírito de aventura, os quais foram elevados pela imaginação popular, dando lugar à criação a seu redor de verdadeiras lendas; maravilhosa é a interpretação dos planos natural e sobrenatural, com a intervenção de agentes sobrenaturais e deuses na vida humana, podendo ser pagão e antropomórfico (divindades maléficas e protetoras) ou cristão (anjos, santos, demônios).

A epopeia, como a ficção, corresponde ao antigo instinto humano de ouvir e contar estórias. A mais velha literatura que nos chegou é de estrutura narrativa, embora sob forma poética, pois a poesia é mais conatural ao homem do que a prosa, sem falar em que, associando-se ao canto e à dança, era instrumento de memorização na era anterior à escrita. Assim, o núcleo inicial da epopeia é uma estória popular (portanto do espírito do povo e suas criações literárias), que, por sua vez, dá lugar à *balada*, pequenas narrativas expressas sob forma lírica, historietas em verso.

O que Moulton chama o princípio homérico de cristalização da epopeia orgânica consiste no seguinte processo através de várias etapas: a partir de um material flutuante, de recitação e transmissão oral pelos poetas populares, as estórias reúnem-se em unidades, as baladas. A autoria é anônima, coletiva, cada recitação podendo ser diferente. Esse material aos poucos reúne-se em torno de figuras lendárias de guerreiros ou heróis, que captam a imaginação popular, crescendo e tornando-se verdadeiros mitos, representativos das aspirações da comunidade. É a etapa dos *ciclos heroicos* (Argonautas, Tebas, Troia, Hércules, Prometeu, Aquiles, Ulisses, Eneias, Robin Hood, Carlos Magno etc.). É uma massa de incidentes que se conglomeram em torno de um herói, quer tenha sido ele real ou fictício, autor ou não de todas as façanhas. Na fase seguinte, esse material poético tradicional organiza-se num todo, com enredo harmônico e orgânico, por um trabalho de coordenação arquitetônica em que entra a autoria individual. A epopeia fixa-se: são a *Ilíada* e a *Odisseia*.

Os românticos divulgaram uma teoria sobre a origem da epopeia, hoje inteiramente afastada. Defenderam a tese de que havia epopeias autênticas, espontâneas ou primitivas (*Ilíada*) e epopeias literárias, eruditas ou artísticas (*Eneida*). A distinção está abandonada, pois um tipo é tão literário e tão pouco espontâneo quanto o outro, ambos partindo do espírito do povo e sua literatura e cosmogonias, cristalizando-se, e afinal organizando-se pelo trabalho de um artista.

Assim, em resumo, a marcha da epopeia em sua formação segue as seguintes etapas:

I. Poesia oral flutuante (coletiva)

II. Estórias em unidades (baladas)

III. Estórias fundem-se em:

IV. Ciclos heroicos (Aquiles etc.)

V. Epopeia orgânica: amálgama de muitas estórias num enredo harmônico (autoria individual).

As epopeias são, pois, de assunto grandioso e estilo sublime, podendo ser em prosa e em verso (*Os Lusíadas*), e, quando em verso, usam o verso heroico (decassílabo e alexandrino, em português).

São as seguintes as principais epopeias:

- Na Índia: *Ramaiana* e *Maabarata*.
- Na Grécia: *Ilíada* e *Odisseia*, de Homero.
- Em Roma: *Eneida*, de Virgílio.
- Na Idade Média: *Canção de Rolando* (francos); *Niebelungen* (germanos); *Edas* (escandinavos); *Cid* (espanhóis); *Beowulf* (anglo-saxões).

- No Renascimento e Barroco: *Os Lusíadas* (portugueses), de Camões; *Jerusalém Libertada* (italianos), de Tasso; *Orlando Furioso* (italianos), de Ariosto; *Paraíso perdido* (ingleses), de Milton.

A epopeia, segundo o padrão homérico, dominante nas literaturas ocidentais, possui uma estrutura uniforme, como o demonstraram os estudos de Moulton. Além das características apontadas (personagem, assunto grandioso, estilo sublime, caráter maravilhoso), ela oferece uma unidade de enredo, expressa pela estrutura e pelo movimento.

Essa estrutura obedece a um esquema de partes ligadas: uma *estória principal* ou tema dominante (querela entre Agamémnon e Aquiles, na *Ilíada*; viagens e aventuras de Ulisses, na *Odisseia*), desenvolvida dentro de uma *ação envolvente* (a guerra greco-troiana em ambas as epopeias homéricas), e envolvendo, por sua vez, *estórias secundárias* diversas (na *Ilíada*, cerca de oitenta, na *Odisseia* seis façanhas históricas de Ulisses e três paralelos, além das estórias desenvolvidas em torno dos seis personagens fiéis e de três hostis), estórias que indicam a tendência épica a utilizar no enredo todos os elementos disponíveis.

Quanto ao movimento, na *Ilíada*, o enredo segue uma marcha em duas etapas, a segunda parte invertendo a ordem da primeira, divididas por um interlúdio de aventura: na primeira, compreendendo os dois primeiros dias da luta, os fados estão a favor dos troianos, com os gregos na defensiva; na segunda, favorecem os gregos, até a vitória destes e a pacificação geral com os funerais. Zeus, o destino, o poder supremo, controla tudo, e há cenas misturadas de vida terrena e dos deuses do Olimpo. A guerra é o motivo principal nessa fase heroica da civilização helênica, e a *Ilíada* pertence ao ciclo das guerras de conquista.

Na *Odisseia*, as duas metades do movimento correspondem nitidamente às duas fases da complicação e solução do enredo, dominante na narrativa literária (de ficção) e no drama ocidental, inclusive adotando o tipo de movimento que se inicia pela solução ou desenlace, deixando os incidentes da complicação para depois em narrativa indireta (inversão ou interpolação de plano). A complicação é composta de nove episódios maravilhosos, sob a influência do deus maléfico, Poseidon, que distancia o herói de casa, e a solução de nove episódios de aventura, sob a proteção da deusa Atena, que reconduz Ulisses aos penates. O centro de tudo é a visita do personagem à ilha dos feaces, quando ele faz o relato indireto e retrospectivo de suas aventuras. A *Odisseia* é relativa a uma fase posterior da civilização grega em que dominam a vida doméstica e urbana e o gosto da viagem.

Aplicando a técnica à análise estrutural de *Os Lusíadas*, de Camões, encontraremos esquema análogo:

Estrutura do enredo

1) *Ação principal*: narrativa da viagem de Vasco da Gama para as Índias (ciclo dos descobrimentos portugueses). Protagonista ou herói: o Gama, simbolizando todo o povo lusíada. Portanto, assunto e personagem heroicos.

Partes componentes:

a) Proposição (est. 1 a 3): feitos dos portugueses (*Ilíada*);

b) Invocação (est. 4 e 5): às ninfas do Tejo;

c) Dedicatória (est. 6 a 18): a D. Sebastião;

d) Narração, compreendendo duas etapas: a complicação (com Baco como divindade perseguidora) e a solução (sob a proteção de Vênus);

e) Remate.

2) *Estórias secundárias*: Egas Moniz (III, 35-41), Batalha de Ourique (III, 42-52), Batalha do Salado (III, 107-177), D. Inês de Castro (III, 118-135), Mestre de Aviz e Nuno Alvares (IV, 2-46), Empresa de Marrocos (IV, 48-56), Sonho de D. Manuel (IV, 67-75), Despedida de Belém (IV, 87-95), Velho do Restelo (IV, 90-104), Fogo de Santelmo (V, 17-23), Tromba marinha (V, 17-25), Fernão Veloso (V, 30-36), O Adamastor (V, 37-60), O escorbuto (V, 81-83), A tempestade (VI, 70-79), A ilha dos amores (IX).

Movimento do enredo

A narrativa é iniciada no meio do assunto, enquanto a primeira parte é relatada indiretamente e em retrospectiva pelo próprio herói (Vasco da Gama) ao Rei de Melinde (Cantos III e IV), como na *Odisseia*. A narrativa começa com o concílio dos deuses (ainda *Odisseia*), quando a navegação já ia pelo Canal de Moçambique (narrativa em retrospecto, processo de Homero, Virgílio e de muitos romancistas realistas).

Os Lusíadas são um poema épico, de estrutura regular, dividido em dez cantos, em versos decassílabos (8816 versos), em estrofes de oito versos, rimando em *abababcc* (oitava rima ou rima real), de origem italiana, introduzida em Portugal no século XVI, e é conhecida como a estrofe heroica nacional.

A epopeia não encontrou ambiente para frutificar nas literaturas modernas. Talvez por isso dois eruditos ingleses, Chadwick e Ker, sustentaram a teoria de que o gênero é a expressão de épocas heroicas da história humana. As tentativas havidas depois do Renascimento e Barroco não tiveram êxito.

Nas literaturas de língua portuguesa, afora *Os Lusíadas* de Luís de Camões, epopeia do Renascimento português, no século XVIII, no Brasil, surgiram dois poemas épicos, o *Uraguai* (1769), de Basílio da Gama, e o *Caramuru* (1781), de Frei José de Santa Rita Durão, em pleno arcadismo brasileiro.

Os dois poemas brasileiros, de assunto ligado ao descobrimento e à colonização, procuram fugir às normas camonianas. Durão enfatizando o maravilhoso cristão, embora obedecendo ao verso camoniano, enquanto Basílio, libertando-se da estrutura, da composição e do decassílabo, com muito maiores qualidades artísticas.

MOULTON, R.E. *World Literature*. Nova York: Macmillan, 1930.

6
Gênero lírico

Entre os gêneros literários, o *lírico*, *lirismo*, também chamado *poesia lírica*, ou simplesmente *poesia* (na linguagem corrente moderna), é a forma literária em que o artista utiliza uma série de meios intermediários – os artifícios líricos – para traduzir a sua visão da realidade e veiculá-la ao leitor.

Se o gênero narrativo tem as suas raízes plantadas bem adentro da natureza humana – em sua tendência inata a ouvir e contar estórias como um dos máximos entretenimentos do espírito, quer do adulto, quer da criança –, a poesia, por sua vez, corresponde a outra inclinação elementar do homem: a de vazar emoções por meio de expressão rítmica – o verso e o canto. Assim, a poesia é inerente ao homem desde o mais primitivo e nas fases de literatura não escrita. E remonta a essas fases a associação da poesia com a música e a dança. De qualquer maneira, porém, a origem da poesia é individual, subjetiva, traduzindo emoções íntimas de um ser artisticamente superior para senti-las e exprimi-las.

Dessa origem individual e do fato de sua união primitiva com o canto, acompanhado entre os gregos pela *lyra*, derivou-se a denominação moderna e extensiva de poesia lírica e lirismo, bem como a identificação de poesia e lirismo. Originalmente, entre os gregos, era a forma literária destinada a ser cantada com a lira (coral, monódica ou dórica, com dança, expressando sentimentos pessoais). Daí o uso, modernamente generalizado, de "lírico" para designar o poema curto (independente do esquema métrico ou rimático), pelo qual o poeta exprime sua emoção ou registra sua meditação, sem qualquer preocupação narrativa (a não ser na balada, por isso mesmo encarada como o ponto de partida da epopeia à custa de um processo aglutinativo criador dos ciclos heroicos). Assim, o lirismo era a poesia curta para ser acompanhada por música; é a poesia que sugere seu primitivo acompanhamento musical, poema com qualidade musical; é poesia puramente pessoal ou subjetiva, exprimindo os estados de alma individuais em ritmo que sugere a música.

Identificados poesia e lirismo, a palavra *poema* é, desde que adotada por Alfred de Vigny, no século XIX, a *forma* que encorpa a poesia lírica (não obstante se denominar a epopeia um "poema épico", e se poder encontrar lirismo em outros gêneros, como a ficção e o drama).

Se procedermos à anatomia da poesia lírica, encontraremos, pois, na sua essência, uma forma – o *poema* – que dá expressão a uma *inspiração lírica*.

Os componentes da inspiração são as emoções. Através delas, o homem sente o coração exaltar-se, imprimindo sentido à sua vida, criando felicidade ou desventura.

A vida são as paixões. A literatura inexistiria não fossem elas. Está nos movimentos do coração, portanto, a matéria lírica, e são eles que constituem os temas líricos, isto é, são os sentimentos humanos: amor, ódio, alegria, tristeza, morte, melancolia, entusiasmo, admiração, piedade, contemplação, saudade, adoração da beleza (natureza, mulher)... Amor, morte e natureza são os principais.

O lirismo, por outro lado, encontra motivação seja nas ideias ou sentimentos, seja na musicalidade, na imagística. As ideias são fontes de lirismo, quando, traduzindo as grandes leis da condição humana, têm capacidade de despertar emoções. É o caso da poesia filosófica ou pensamenteada, que visa à inteligência, na sua ânsia de desvendar o mistério da vida e do destino.

Os sentimentos, individuais ou coletivos, são porém a maior fonte do lirismo, refletindo a reação da sensibilidade humana ante o espetáculo das coisas, da natureza, da vida.

A música do lirismo é o efeito obtido com as palavras graças ao ritmo e à harmonia. O ritmo produz-se pela repetição de um elemento sonoro (acento, consoante, vogal, sílaba etc.) em intervalos regulares: a aliteração (repetição cadenciada da mesma consoante), a assonância (idem da vogal), a alternância de sílabas breves e longas, a rima, a estrofação, as pausas ou segmentos de leitura (cesura, final de verso e de estrofe). Quanto à harmonia, é o efeito total, misterioso, indefinível, segredo do poeta verdadeiro.

A imagística inclui imagens, descrições, comparações, figuras, alegorias, símbolos. É todo o mundo específico da poesia, por meio da qual o poeta constrói o edifício de sua interpretação ou visão da realidade.

Com referência ao poema, é a forma literária que assume a poesia lírica. A forma traduz a originalidade e comunica especificidade ao lirismo. Pode haver lirismo num romance, mas poesia lírica só existe numa forma lírica.

O poema resulta primeiramente de um trabalho artístico procedido sobre uma confidência ou sentimento, selecionando os elementos mais significativos e eliminando os indiferentes, de modo a obter uma condenação máxima, pois a primeira característica do poema lírico é a brevidade. A emoção deve ser reduzida à sua essência e unidade, sem parasitismos estranhos.

Feito isso, passa o poema à fase da composição. É todo o problema do verso, problema técnico da poesia, que exige um trabalho artesanal, aprendizado e domínio do *métier*. Ao lado desse problema da técnica do verso (metrificação etc.), hão que ser solucionados os da linguagem poética, do vocabulário lírico, o da ordem das palavras, o das formas (fixa ou livre) etc.

Em suma, no estudo do lirismo consideram-se o conteúdo, a forma, além do efeito que exerce no leitor.

Conteúdo

O lirismo é essencialmente emocional. Apresenta, como vimos, as emoções do poeta despertadas pelo contato com cenas de beleza (humana ou paisagística), alguma experiência (elemento da confidência que o poeta transmite), ou algum efeito criado na sua imaginação por qualquer coisa, ser, episódio, ou ainda um sentimento forte (busca ou negação da felicidade etc.).

Mas essa emoção do poeta – esse elemento emocional – tem uma significação mais completa se levarmos em conta seu efeito sobre o leitor. Desta maneira, o lirismo alarga a nossa visão do mundo, a nossa experiência vital, a nossa capacidade de reagir, conhecer, sentir, diante dos fatos do universo e da vida. Há muita coisa que não pode ser dita senão através da poesia. Por isso, muito além da sua aparência de simplicidade, a poesia é um mergulho no humano profundo. Daí o *poder* da poesia, o qual, ao lado da beleza, emoção, caráter imaginativo e pensamento compactado, forma as características do conteúdo poético. Assim, o lirismo é a expressão em palavras de emoções singulares, íntimas, ou a tradução subjetiva de emoções coletivas. O poeta é capaz de absorver a experiência dos semelhantes, colocá-las dentro de si, torná-las suas próprias graças à simpatia imaginativa. Destarte, o que ele traduz são os sentimentos da comunidade também, e por isso ele a lidera pelo seu canto, que é de todos. O poeta fala não apenas em seu nome, mas exprime os instintos universais da humanidade.

O material que compõe o conteúdo da poesia caracteriza-se fundamentalmente por não ser informativo ou por ser diverso do fato. Isso faz a poesia distinguir-se da ciência ou da linguagem corrente e comunicativa. E, o que é mais importante, evita o erro vulgaríssimo de tentar reduzir a compreensão do poema a uma questão de parafraseá-lo, transliterá-lo em prosa ou a buscar a mensagem ou ideia nele implícita.

Forma

Sem pretender qualquer separação entre conteúdo e forma na obra de arte em geral ou na literatura, conceito inteiramente ultrapassado à luz da compreensão da unidade essencial da obra – poema ou romance – em que forma e conteúdo compõem um todo indivisível, contudo, para efeito didático, e somente para este propósito, é-nos lícito considerar os dois elementos separadamente.

A literatura é a imposição de uma forma ao material de que o artista dispõe (toda arte, aliás). Na linguagem comum, quando se fala em forma, habitualmente se entende a forma-linguagem. Todavia, em literatura, a forma resulta de todo um conjunto de elementos ou fatores que dão uma organização, uma arquitetura à obra. E tanto as imagens quanto a métrica, o ritmo e as ideias contribuem para essa organização, de que ressalta o efeito poético global. Esses elementos não existem em desordem, mas em relações orgânicas, indestrutíveis. Dois elementos isolados não têm significado poético. Em união, podem criar uma série de efeitos de som, de imagem, de ritmo, de sentido poético total. O conjunto é que encerra beleza, e é dessa beleza formal que retiramos o prazer poético.

A poesia é palavra, e é a palavra o primeiro elemento formal. Pela palavra o poeta domina e organiza sua experiência e a comunica por meio de imagens e símbolos. Pela palavra ele constrói seus castelos, enche-os de imagens. Cria forma, na qual há uma relação harmônica entre a parte e o todo, entre a inspiração e a expressão. Essa forma, unidade orgânica, é o poema.

Mas a palavra da poesia é específica. Há uma linguagem poética, própria, com grande carga lírica e emocional, assim diferindo da científica e da coloquial. Essa língua poética é composta de um vocabulário alinhado em ordem peculiar e carregado de sentidos próprios e de ambiguidade.

O primeiro elemento da poesia, do ponto de vista formal, é o *ritmo*. Não obstante encontrar-se o ritmo na prosa, em poesia o ritmo é dotado de maior regularidade. O ritmo é natural na poesia, como natural e inerente ao homem. A regularidade do ritmo na poesia faz com que possa ser medido e dividido. O ouvido reconhece a existência de acentos e pausas a intervalos regulares, bem como a variação dos esquemas rítmicos, formando diversos tipos ou modelos.

O ritmo é o meio que o poeta utiliza para despertar no leitor o estado de alma que responde à sua excitação emocional. É o modo como o poeta arranja e organiza a linguagem, imprimindo-lhe uma cadência unificada e intrínseca. Através do ritmo, o artista comunica a sua experiência e desperta uma análoga no leitor. A emoção caminha ao longo das sílabas, som e sentido indissoluvelmente ligados no efeito total do arranjo verbal. Para haver ritmo não é sempre necessário o verso, pois há ritmo no verso chamado livre. O ritmo deriva do fluxo, intelectual e emocional, do poema, além do movimento que têm nele as palavras: som, duração das sílabas, acento, pausas.

Técnica da poesia

A visão poética, para produzir efeito noutra pessoa, deve ser posta em palavras, e estas numa ordem especial e com elementos específicos. A literatura é experiência posta em palavras, e estas em estruturas especiais. Não basta o gênio poético, é mister que o poeta seja também um artista, para manipular os artifícios que compõem o poema. Disse Keats que escrevera um de seus poemas famosos com gênio, mas sem *judgment*.

A técnica da poesia são os diversos meios pelos quais o poeta comunica a sua visão através de um todo de ritmo orgânico. Há moldes de palavras que veiculam a sua experiência. E esses moldes, no conjunto, constituem a estrutura da peça literária, isto é, a organização total que ela assume. O material poético de que o artista dispõe cria seus moldes – numa forma convencional ou nova. Conteúdo e forma têm que se fundir, uma encontrando no outro a sua metade equivalente, de modo a criar a unidade orgânica e rítmica. Dependendo do material, a forma se impõe adequadamente. A forma escolhida por um poeta para um determinado material será aquela justamente requerida pela natureza do mesmo material. A escolha não é arbitrária, e só o poeta sabe resolver esse problema de adequação. E é a ele que compete saber se o seu material caberá num molde tradicional ou num novo, isto é, se as convenções já existentes lhe servem ou se se impõe a criação de nova convenção (*convenções* em literatura são regras ou elementos acerca dos quais há um geral consentimento ou reconhecimento: gêneros literários, esquemas estróficos, símbolos etc. A convenção e a revolta opõem-se constantemente na história literária e numa mesma vida de artista, frequentemente numa mesma obra).

Versos

Em poesia, o ritmo é rigorosamente controlado, regularizado, sob um molde denominado o *verso*. A maior parte da poesia aparece sob a forma do verso, embora haja poesia sem verso (verso livre) e muito verso sem poesia. Por outro lado, prosa e verso se opõem, mas não prosa e poesia.

Verso (lat. *versu*, volta) é uma linha poética, ou um conjunto de palavras com ritmo em uma só linha, ou cada uma das linhas que formam o poema. Caracteriza-se a linha poética por um número determinado de sílabas.

Versificar (lat. *versificare*) e versificação (lat. *versificatione*) significam fazer versos ou exprimir em versos; é a arte de fazer versos ou composição em versos.

A mecânica do verso compreende o estudo do ritmo, da métrica ou metrificação (contagem das sílabas métricas ou pés), da *rima* (esquemas rimáticos), da *estrofação* (esquemas estróficos), da cesura, da acentuação etc. Não cabe aqui um estudo pormenorizado do assunto, muito bem-exposto, aliás, em numerosos manuais de literatura e teoria literária.

Linguagem figurada

O verso é apenas um dos recursos que o poeta utiliza para dar corpo à sua experiência. Se a linguagem figurada é comum à prosa literária e à língua da comunicação simples, é na poesia que ela é particularmente acentuada e variada a um alto grau. As figuras de linguagem são o meio pelo qual o poeta logra a maior concentração, intensidade e originalidade de ideias e sentimentos na expressão, e assim se tornam o mais poderoso instrumento poético. É a qualidade essencial da poesia, que, sem ela, não pode ser escrita.

É um grande capítulo dos manuais de literatura e dos tratados de poética e retórica (a que se deve recorrer) o do estudo das figuras e tropos. Não há regras fixas para o seu uso, pois a sua criação é intimamente relacionada ao próprio teor da inspiração e do pensamento. A imagem é um meio antes de comunicação do que de ornamentação.

No fundo, as figuras poéticas reduzem-se a dois tipos: o *símile* (comparação ou confronto de dois elementos concretos ou abstratos, por meio de *como, assim, como se, tal, qual* etc.) e a *metáfora* (comparação implícita, não aparente, em que há identificação entre um objeto e o outro).

A linguagem figurada, em poesia, é o reflexo do poder criador da imaginação artística. Através dela, o poeta estabelece ou acentua correlações na vida desapercebidas pelos outros homens, que assim se tornam aptos a perceber-lhes o sentido profundo. Do mesmo modo, por meio das *alegorias* (metáfora alongada) e dos *símbolos* (um objeto por outro ou por uma ideia) ou descobrindo valor simbólico em certos elementos, o poeta alarga a visão comum e fornece uma interpretação imaginativa às eternas questões humanas (bem, mal, morte etc.). Por esse misterioso processo de criação de imagens – consciente e inconsciente – o poeta consegue dominar e transfigurar a realidade da experiência.

O conjunto dos artifícios figurativos na linguagem para efeito poético constitui a *imagística* do poeta. É a evidência da imaginação do poeta. O idioma da imagem é a característica da poesia. Por ela, o sentimento, a emoção, são captados de maneira vívida, colorida, sugestiva, reunindo o concreto e o abstrato, fatos e ideias. Assim, a imagística é o conjunto ou o sistema de imagens de um poeta e indica, ao mesmo tempo, a sua capacidade de criar imagens.

A linguagem poética inclui ainda as descrições (na poesia pitoresca e na plástica e de tendência objetiva).

Usos da poesia no ensino literário

O uso mais elementar da poesia em classe é o da leitura. Fazer aprender a ler, a entender o que lê, é o primeiro passo, por intermédio da leitura silenciosa e da leitura em voz alta, até a declamação. Nisso, o papel do professor é fundamental, empregando todos os recursos da retórica e da califasia, sem falar nos simplesmente gramaticais da semântica e da sintaxe e da morfologia.

Só depois de bem treinados os alunos na leitura inteligente e compreensiva é que se deve passar ao segundo estágio do aprendizado – o da análise e interpretação.

A respeito da análise, é mister não perder de vista a noção de que ela *é* um meio e não um fim. Visa a atingir a compreensão e a interpretação, que, na essência, formam com ela o ato crítico completo. A análise é a dissecação da obra (o poema, no caso), para ver o que ele é e o que vale. Sem isso, a análise é um ato gratuito, um mero virtuosismo.

Por outro lado, há que não olvidar, outrossim, as diferenças entre análise filológico-gramatical, que se situa no plano verbal da obra literária, e as análises estilística e literária, que se colocam no plano propriamente literário.

Análise de um texto poético

A análise literária pressupõe a filológico-gramatical. Análise filológico-gramatical (plano verbal):

1) Leitura e compreensão do texto.
2) Fonética e ortografia.

3) Vocabulário: a) morfologia; b) lexicologia.

4) Sintaxe: a) Concordância; b) Regência; c) Ordem das palavras.

O aluno toma conhecimento do texto, penetra-o, compreende-o. Estuda as palavras isoladamente, sincrônica e diacronicamente, manuseando o dicionário, prática excelente; apreende os diversos significados dos termos, as variações semânticas, tendo em vista sobretudo a ambiguidade, uma das chaves da linguagem poética; completa o seu exame do aspecto verbal do texto pela observação das características sintáticas, a concordância e a regência, mas sobretudo o tipo de ordem das palavras, de suma importância nos efeitos musicais da poesia.

Em seguida, entra-se numa etapa intermediária, a análise estilística, cujo trabalho começa onde termina o da gramática, no plano em que a linguagem se torna propriamente literária, através do uso das figuras e tropos. Estuda-se então esse aspecto, o da linguagem figurada e da imagística, procedendo-se ao levantamento e classificação das imagens, em vista de sua interpretação à luz das modernas técnicas de análise das imagens, conforme numerosos trabalhos importantes; procura-se estabelecer o tipo do estilo, as peculiaridades do autor, suas preferências e idiossincrasias, sua técnica, apontando-se afinal a ligação do estilo individual com o estilo de época; depois, passa-se ao exame dos recursos formais na obtenção do ritmo, a métrica, a musicalidade, a rima.

Já aqui estamos em plena análise literária, no aspecto estrutural da peça. Além da imagística (personificações, símiles, metáfora, símbolos, alegorias), registram-se as descrições, o processo seletivo e de condensação, o sistema acentual e de pausas, as divisões ideológicas e a estrofação, o sistema de versificação, o tipo de poema (de forma livre ou de forma fixa).

Analisa-se, então, depois desse exame do trabalho artístico, as demais fontes de lirismo; as ideias; a emoção e os sentimentos (qual o tipo – amor, ódio, morte, lamentação, tristeza, natureza, saudade etc.); o tipo de acontecimento que gerou o poema, a que ponto o poeta foi feliz na transformação do acontecimento em confidência (fato pessoal, coletivo, político, social); o ponto de vista do lirismo, se é direto ou indireto, em primeira ou em terceira pessoa; sobre que detalhes concentra a emoção etc.

Por último, passa-se à interpretação e julgamento.

Em primeiro lugar, faz-se a localização do poema na obra do autor, a que parte pertence (indianismo ou poesia amorosa da natureza, em Gonçalves Dias).

Procede-se à localização e relacionamento do poema com a estética e estilo do período (romantismo).

Faz-se a apreciação do resultado obtido pelo autor (eficiência), no que respeita à expressão e comunicação da emoção, e, ao mesmo tempo, seu êxito em despertá-la no leitor[7].

O essencial do ensino de poesia, como muito bem acentuam Brooks e Warren, é ensiná-la como poesia, para o que, insistem aqueles autores, se deve evitar os três escolhos comuns da crítica de poesia: 1) a paráfrase do conteúdo narrativo ou lógico; 2) o estudo do material histórico ou biográfico; 3) a interpretação didática ou impressionista. Poesia é poesia, e como tal deve ser estudada, considerando os seus diferentes componentes em globo, inter-relacionados uns aos outros, pois o efeito não resulta de um só dos seus elementos.

Por tudo isso é que Brooks e Warren aconselham como o método adequado para o estudo da poesia o que conservar os seguintes

---

[7] Consultar as indicações das bibliografias acerca da análise literária aplicada à poesia lírica e sobre o problema do verso e da versificação.

princípios: 1) Ênfase no poema como poema; 2) O tratamento deve ser indutivo e concreto; 3) O poema deve ser sempre tratado como um sistema orgânico de relações, e a qualidade poética jamais deve ser buscada em um só ou mais fatores tomados isoladamente.

Assim, concluem eles, a análise do poema deve visar discussões acerca da adaptação feita pelo poeta dos seus meios aos fins, isto é, das relações dos vários aspectos de um poema entre si e com a comunicação total pretendida[8].

De nada valerá o ensino literário (de poesia ou de ficção) se dele não saem bons leitores, que sejam aptos a apreciar uma obra de arte de linguagem, que possam reagir inteligentemente diante de um texto dessa natureza, que saibam o que ele significa e o que podem retirar dele em prazer espiritual e estético.

Assim, cabe ao professor (que seja verdadeiramente professor de literatura, e não apenas de língua) orientar o seu ensino tendo esse objetivo em mira. Para isso, conduz o aluno desde o início ao texto, fazendo-o lê-lo bem, compreendê-lo e, em seguida, analisá-lo para valorá-lo. Em vez de, em face de um poema, ficar no comentário puramente filológico, ou na transliteração e paráfrase do poema à prosa, ou nas baboseiras sobre a vida do autor, obrigue ao mergulho na captação da imagística, dos artifícios líricos, dos recursos de musicalidade (acostumando-o a detectar as assonâncias e aliterações, os acentos e pausas, as metáforas e símbolos...). Que o educando se familiarize com o texto de poesia, com a linguagem poética, com os artifícios líricos. Que vá aos poucos compreendendo o porquê daqueles recursos, que significam, que lhe podem significar, qual a razão e o propósito que leva uma pessoa a expor em público os seus sentimentos e

---

[8] BROOKS, C. & WARREN, R.P. *Understanding Poetry.* Nova York: H. Holt, 1938.

emoções, os acontecimentos íntimos de sua alma e de sua vida. Que pode representar tudo para os demais.

A poesia faz-se com palavras, disse o poeta. Mas com palavras ela visa a *"confier un sens plus pur aux mois de la tribu"*, disse o mesmo Mallarmé. Neste sentido, compreendemos a razão e o objetivo da poesia. E sua grandeza.

7
Gênero dramático

O gênero dramático é aquele em que o artista usa como intermediário entre si e o público a *representação*. A sua interpretação da realidade é dada sob uma forma representada, que imita essa realidade. Em vez da estória ou dos artifícios líricos, o drama recorre à representação, outro tipo de método indireto de atingir o público ou leitor. Portanto, define-se o gênero dramático ou o drama como a representação de uma ação sob forma dialogada.

A palavra *drama* vem do grego (*drâo*, fazer), e quer dizer *ação*. É interessante que tanto *drama* como *poema* procedem de verbos que significam *fazer*, sendo assim duas palavras aparentadas. Por outro lado, há um conteúdo equívoco no termo, pois o gênero dramático não compreende apenas o drama, que é apenas uma das variedades do gênero. Por isso, a tendência moderna é para usar a palavra *peça* como termo genérico, designando toda composição dramática.

A essência do método dramático é assim a *representação*: colocar um grupo de pessoas ou personagens (*dramatis personae*) num palco ou arena e fazê-los falar e atuar diante do público. O *teatro* é o local onde se desempenha o gênero dramático, daí também se chamar a arte de representar e a coleção de obras dramáticas de uma literatura ou um autor. Além de dialogar e agir, os personagens obedecem a instruções do autor, no que tange à entonação, aos gestos, à atitude que devem usar. Sendo na essência representação, o drama só revela a sua eficiência quando levado à cena, pois na leitura ele é apenas literatura dialogada. O teste decisivo do drama é a representação, é o palco, é o desempenho. A simples leitura da peça é preparatória apenas à representação. Esta é que verifica se o artista logrou o objetivo de toda a arte, que é transmitir intensamente uma experiência significativa.

A peça teatral é, pois, uma composição literária destinada a ser representada por atores (que encarnam os personagens), num palco, atuando e dialogando entre si.

Possui uma estrutura específica, embora com alguns dos elementos que compõem a estrutura da ficção e da epopeia.

Em primeiro lugar, o(os) *personagem(ens)*, de igual classificação que os dos gêneros narrativos, os quais devem estar ligados com lógica uns aos outros e à ação. A estes cumpre o *diálogo*, através dos quais se revelam os antecedentes da estória, os personagens envolvidos, os motivos do conflito, os comentários. A ação dramática (enredo, trama, entrecho) é o conjunto de atos dramáticos (capazes de desencadear ou testemunhar conflitos entre os personagens), maneiras de ser e de agir dos personagens, encadeados à unidade do efeito e segundo uma ordem composta de *exposição, conflito, complicação, clímax* e *desfecho*, e podendo incluir *incidentes* secundários visando a auxiliar a marcha dos fatos ao desfecho. A ação deve ser verossímil aos espectadores, que a aceitam ou nela acreditam através dos diálogos. O *suspense* é o meio de criar e manter o interesse ao longo da complicação.

A *situação* ou ambiente é o conjunto de circunstâncias físicas, sociais, espirituais em que se situa a ação. O autor as fornece pela *descrição* do ambiente em que a peça se desenvolve e que antecede os atos ou partes.

O tema é a ideia que o autor deseja expor, ou sua interpretação do real, através da representação.

As *convenções* dramáticas são os *atores* (que encarnam os personagens), a música, o canto, o monólogo, o aparte, o pensamento em voz alta, o isolamento da plateia, a narração indireta pelos personagens de fatos não postos no palco, as partes, os acessórios da ação (decorações, maquinismos, indumentárias, máscaras etc.). No teatro neoclássico era exigência rigorosa a chamada lei das unidades (de tempo, lugar e ação), mas essa lei foi rompida a partir do romantismo. Outra convenção importante é a divisão em *atos* e estes em *cenas*, correspondentes às partes do entrecho. Houve uma evolução simplificadora, no particular, vinda do drama em cinco atos do teatro antigo, e renascentista, até a peça em um ato, dois, três e quatro.

Há problemas relativos à estrutura que requerem o máximo do *dramaturgo* (ou autor dramático). Assim, o problema da escolha do *ponto de partida* e o da *exposição*, bem como o da *apresentação* dos personagens. Outro importante problema é o do *movimento*, o de quais as partes que devem ser mostradas, o da complicação e conflito. Quanto ao *ponto de vista*, o teatro só admite o objetivo, pois o dramaturgo em regra se situa fora da ação.

De todas as fases da ação, a mais importante, por certo, é a *complicação*, decorrente do *conflito*. Principalmente no drama, criador da tensão dramática, o conflito resulta do choque dos personagens, sobretudo protagonista e antagonista, com vontades, aspirações e interesses divergentes. O antagonista pode ser o ambiente, os elementos, os outros homens, ou o próprio protagonista (seus erros, defeitos etc.), o conflito podendo ser, portanto, interno ou externo.

Sendo, ao mesmo tempo, literatura e representação, o gênero dramático exige a figura do diretor ou *meteur-en-scène*, a quem incumbe pôr em cena, no palco, aquilo que foi escrito pelo dramaturgo.

O gênero dramático é dividido em duas grandes variedades – a *tragédia* e a *comédia* – com numerosos subtipos; a tragicomédia, o drama, o melodrama, a farsa, o auto e os mistérios, sem falar nas composições poético-musicais (ópera, opereta, revista, *vaudeville*).

A tragédia e a comédia, ou, antes, o espírito trágico e o cômico, nem sempre se encontram isolados e puros, ao contrário, frequentemente se misturam numa mesma peça, pois as mesmas situações humanas podem oferecer uma gama do trágico ao cômico, de conformidade com o ângulo de que são apreciadas, e uma mesma situação pode encerrar um sentido trágico ao lado de um cômico, dependendo de o dramaturgo colocar ênfase nesse ou naquele aspecto para retirar o efeito desejado ou conduzir à solução mais adequada.

A tragédia, geralmente, consiste na luta de um indivíduo contra uma doença, um conflito íntimo de paixão, uma força superior, um ambiente hostil, um destino adverso, um caráter defeituoso, ambições desmedidas, contra os quais ele se atira e experimenta a sua fortaleza. Foi na Grécia que nasceu a tragédia. Sua origem é desconhecida, mas certamente foi a partir de transformações do ditirambo nas festas dionisíacas (de Dionísio), em que os sátiros vestiam peles de bode (daí tragédia ou "canto do bode").

Ésquilo, Sófocles, Eurípides foram os grandes nomes da tragédia grega em sua fase ática. Depois de cultivada entre os romanos, sobretudo com Sêneca, ressurgiu no Renascimento com Shakespeare, entre outros, na Inglaterra, e com a tragédia clássica francesa, de Corneille e Racine, no século XVII. Mais tarde, no século XIX, surgiu o drama romântico, no qual o *patos* trágico atingiu um verdadeiro paroxismo, rompendo com as unidades de tempo e lugar, usando o verso e a prosa.

Na comédia, também originária da Grécia (*comos*, aldeia, e *ode*, canto), e igualmente das festas dionisíacas, há uma intenção de provocar o riso, de satirizar uma situação social ou individual, de corrigir a quebra das leis ou convenções sociais ou morais. Os principais tipos de comédias são a de intriga, de costumes, de caracteres, ou a mista. Entre os gregos, Aristófanes e Menandro foram os principais comediógrafos; entre os romanos, Plauto; nos tempos modernos Shakespeare e Molière, seguindo-se uma grande galeria de autores, entre os ingleses, espanhóis, italianos, franceses.

8
Gêneros ensaísticos

De acordo com a concepção da literatura e a classificação dos gêneros literários adotada neste livro, há um grupo de formas literárias que resultam de uma explanação direta dos pontos de vista do autor, dirigindo-se em seu próprio nome ao leitor ou ouvinte, sem qualquer artifício intermediário. O autor dirige-se ao leitor ou ouvinte valendo-se do método direto, ao invés do indireto, que usou nos demais gêneros (ficção, drama, lirismo). Estes tipos que resultam dessa operação podem ser: o ensaio, a crônica, o discurso e o sermão, a carta, as memórias, o diário, as máximas. São gêneros ensaísticos ou discursivos, como aqui são concebidos e englobados.

Ensaio

Para caracterizar o grupo é mister começarmos pelo *ensaio*, tipo que é, por assim dizer, o seu chefe de fila.

A palavra é nova, mas a coisa é antiga, disse Bacon, um dos grandes e primeiros ensaístas modernos. Seus ancestrais chamaram-se Sócrates, Platão, Teofrasto, os hebreus do Eclesiastes, dos Provérbios e outras peças da literatura bíblica; Cícero, Sêneca, Plutarco, Plínio, Marco Aurélio e outros. Modernamente, é a Montaigne, com os *Essais* (1596), que se deve o nome e a iniciação do gênero, mormente com o sentido que a etimologia da palavra indica: tentativa, inacabamento, experiência, sentido primitivo, aliás, que não se manteve, pois o uso da palavra se estendeu a outras direções e tipos. Mas este foi o original, o de uma dissertação curta e não metódica, sem acabamento, sobre assuntos variados. O tom era íntimo, coloquial e familiar. Foi o caráter que Montaigne imprimiu ao gênero, de que seu livro famoso é o modelo imortal. Disso não nos devemos esquecer para sua devida compreensão.

Os escritores ingleses adotaram a lição, e, adaptando a forma às qualidades peculiares do caráter britânico, elevaram-na às mais nobres expressões. É na língua inglesa que encontramos os mais perfeitos exemplares e cultores, numa enorme família de artistas – Cowley, Browne, Burton, Addison, Steele, Hazlitt, Hunt, Lamb, De Quincey, Carlyle, Coleridge, Macauley, Pater, Ruskin, Chesterton etc., sem falar no primeiro deles, Francis Bacon.

A essência do ensaio (nesse sentido original) está em sua relação com a palavra falada e com a elocução oral, como se depreende do estudo estilístico dos grandes ensaístas, estilo muito próximo da maneira oral ou do pensamento que é captado no próprio ato e momento de pensar, como em Montaigne, Pascal e Thomas Browne. É o estilo que marcha a passo com o pensamento e o traduz, como num orador, sem nenhum intervalo, diretamente, do pensamento à palavra, sem precisar de qualquer artifício intermediário para expressar a realidade existente na alma do artista. O ensaio é um breve discurso, compacto, um compêndio de pensamento, experiência e observação. É uma composição em prosa (tem havido em verso), breve, que tenta (*ensaia*), ou experimenta, interpretar a realidade à custa de uma exposição das reações pessoais do artista em face de um ou vários assuntos de sua experiência. Pode recorrer à narração, descrição, exposição, argumentação; e usar como apresentação a carta, o sermão, o monólogo, o diálogo, a "crônica" jornalística (no sentido brasileiro). Não tem forma fixa. Sua forma é interna, estrutural, ditada pelo arranjo lógico e as necessidades da expressão.

Curto, direto, individual, interpretativo, o ensaio exprime uma reação franca e humana de uma personalidade ante o impacto da realidade. Gênero elástico, flexível, livre, permite a maior liberdade no estilo, no assunto, no método. Forma de literatura criadora ou de imaginação, difere por isso da tese, monografia, artigo, editorial, que têm sentido objetivo, impessoal, informativo, bem como da biografia, autobiografia, história, que são relatos de fatos.

Quanto ao assunto e à maneira, o ensaio pode ser de diferentes variedades. Em primeiro lugar, o grupo de ensaios irregulares, "informal" dos ingleses, ou ainda, segundo os ingleses, pessoais ou familiares. Exprimem uma reação pessoal, em linguagem coloquial ou familiar, sem qualquer estrutura clara. Revelam um espírito livre, reagindo diante de fatos, pessoas ou paisagens, escrevendo de suas cenas familiares, seus pertences, jardins, viagens, lembranças, as paisagens que amou, suas experiências passadas, recordações de homens, fatos e coisas, suas leituras, teorias do universo e do pensamento, de tudo e de nada. Os ensaístas sentam-se e observam o espetáculo da vida, às vezes se divertem com ele, ou dele motejam ou moralizam a seu respeito. Tudo o que é humano lhes interessa. Esse tipo de ensaio também se conhece como ensaio de *impressão* (de si mesmo, de outras pessoas, da ordem natural, das realizações humanas); *pessoal* (quando exprime a própria personalidade do autor); de *personagens* (quando se refere a outras pessoas; o famoso "O Velho Senado" de Machado de Assis é um exemplo típico); *descritivo* (de cenas naturais e artificiais): de *apreciação* (das realizações humanas).

Esse o tipo do ensaio tradicional, máxime da linhagem inglesa. Basta abrirmos uma dentre as inúmeras antologias de ensaios ingleses (as coleções *Everyman* e *World's Classics* têm vários volumes) para compreendermos o fenômeno.

Assim, o ensaio é um gênero literário específico, modernamente celebrizado por Montaigne, e desenvolvido pela literatura inglesa com o sentido de uma "tentativa", dissertação ou digressão breve, concisa, livre, em linguagem familiar, de caráter pessoal, não concludente, despretensiosa, comentário álacre e espirituoso acerca de homens, fatos e coisas. É o mais flexível e elástico dos gêneros, permitindo grande liberdade de estilo e método. Suas formas são tão numerosas quanto a facúndia do escritor.

Mais modernamente, tem-se testemunhado uma extensão do sentido da palavra ensaio, perdendo ela o caráter inicial e etimológico de "tentativa", para se confundir com "estudo", ou ensaio do tipo que os ingleses chamam de *julgamento*, isto é, que oferecem conclusões sobre os assuntos, após discussão, argumentação, análise, avaliação. Em inglês, também se conhecem como "formal", regular ou metódico. Tem-se com eles uma interpretação, dentro de uma estrutura formal de explanação, discussão e conclusão, e em linguagem austera. Aqui se incluem os ensaios críticos, científicos, filosóficos, políticos, históricos. São de estrutura e significação inteiramente opostos aos ensaios do tipo original.

Pois, na prática recente, sobretudo na França e da qual veio o hábito para o Brasil, vem-se restringindo o uso da palavra ensaio a essa última variedade, como sinônimo de *estudo* crítico, histórico, político, filosófico etc. Na linguagem brasileira corrente, esses estudos recebem a designação de ensaios.

Crônica

Paralelamente a esse desenvolvimento do significado de ensaio na literatura contemporânea, produziu-se modificação semelhante acerca da palavra crônica.

O sentido tradicional do termo decorre da sua etimologia grega (*khronos* = tempo): é o relato dos acontecimentos em ordem cronológica. Sua parenta próxima: anais. Foi o feitio que assumiu a historiografia particularmente na Idade Média e no Renascimento, em todas as partes da Europa, a princípio em latim e depois nas diversas línguas vulgares, inclusive o português, em que deu verdadeiras obras-primas. Foi esse o sentido que prevaleceu nos vários idiomas europeus modernos, menos o português, até hoje. Em inglês, espanhol, francês, italiano, a palavra só tem esse sentido: *crônica* é um gênero histórico. E como crônica, "croniqueiro" e "cronista" só se empregavam relativamente à crônica naquele sentido: eram o indivíduo que escrevia crônica, do mesmo modo que, no francês, *chroniqueur* e *chronique*. É o significado tradicional.

Em português, a partir de certa época, a palavra começou a ter roupagem semântica diferente. "Crônica" e "cronista" passaram a ser usados com o sentido atualmente generalizado em literatura: refere-se a um gênero literário específico, estreitamente ligado ao jornalismo. Enquanto o dicionário de Morais só registra a palavra com o sentido de "história escrita conforme a ordem dos tempos", já o Aulete inclui o significado de "revista científica ou literária, que preenche periodicamente uma seção de jornal". Ao que parece, a transformação operou-se no século XIX, no Brasil ou em Portugal, ligada ao desenvolvimento do jornalismo. Publicavam, então, os jornais uma seção, via de regra semanal ("Dr. Semana" foi o pseudônimo do fino cronista Machado de Assis em algumas de suas crônicas, e "A Semana" foi o título de outra série), de comentário dos assuntos marcantes ou que marcaram o espírito do artista durante a semana. Certamente o uso da palavra para indicar relato e comentário de fatos em pequena seção de jornais acabou, como é comum, por estender-se à definição da própria seção e do tipo de literatura que nela se passou a produzir. O fato é que, em português, "crônica" tornou-se outra coisa: um gênero literário, de prosa, ao qual menos importa o assunto, em geral efêmero, do que as qualidades de estilo; menos o fato em si do que o pretexto ou a sugestão que pode oferecer ao escritor para divagações borboleteantes e intemporais; menos o material histórico do que a variedade, a finura e argúcia na apreciação, a graça na análise de fatos miúdos e sem importância, ou na crítica buliçosa de pessoas. Assim, crônicas são essas pequenas produções em prosa, com tais características, aparecidas em jornais ou revistas.

Em crônica de 30 de outubro de 1859, Machado de Assis, definindo o folhetim e o folhetinista, deu as características da crônica, tal como hoje a entendemos. Aliás, no fundo, o folhetim era outro nome para crônica, denominação esta que veio a prevalecer. Venceu e generalizou-se. Mostra Machado que o folhetinista é originário da França, espalhando-se graças ao grande veículo que é o jornal. De lá, o folhetim acomodou-se "às conveniências das atmosferas locais". Como defini-lo?

> [...] o folhetim nasceu do jornal, o folhetinista por consequência do jornalista. Esta última afinidade é que desenha as saliências fisionômicas na moderna criação.
>
> O folhetinista é a fusão admirável do útil e do fútil, o parto curioso e singular do sério, consorciado com o frívolo. Estes dois elementos, arredados como polos, heterogêneos como água e fogo, casam-se perfeitamente na organização do novo animal.
>
> Efeito estranho é este, assim produzido pela afinidade assinalada entre o jornalista e o folhetinista. Daquele cai sobre este a luz séria e vigorosa, a reflexão calma, a observação profunda. Pelo que toca ao devaneio, à leviandade, está tudo encarnado no folhetinista mesmo; o capital próprio.
>
> O folhetinista, na sociedade, ocupa o lugar do colibri na esfera vegetal; salta, esvoaça, brinca, tremula, paira e espaneja-se so-

bre todos os caules suculentos, sobre todas as seivas vigorosas. Todo o mundo lhe pertence; até mesmo a política (*Crônicas*, vol. I. Rio de Janeiro: Jackson, 1947).

Julga que o folhetim – diga-se hoje a crônica – não estava ainda adaptado, apesar das suas "páginas coruscantes de lirismo e de imagens", só em raríssimas exceções tinha tomado a cor nacional entre nós. "Escrever folhetim e ficar brasileiro é na verdade difícil", disse ainda.

Entretanto, como todas as dificuldades se aplanam, ele podia bem tomar mais cor local, mais feição americana. Faria assim menos mal à independência do espírito nacional, tão preso a estas imitações, a esses arremedos, a esse suicídio de originalidade e iniciativa.

Ora, a partir daí é que o folhetim, tornado crônica, não só assume personalidade de gênero, cresce de importância literária, mas também reveste-se de cor nacional cada vez mais. Foi essa, aliás, talvez a sua principal característica. É dos gêneros que mais se abrasileiraram, no estilo, na língua, nos assuntos, tomando proporções inéditas na literatura brasileira.

Pois bem, o que designamos atualmente por "crônica" é o que os ingleses chamam de "ensaio" do primeiro tipo, o original, ou familiar, "informal". Se compararmos as características dos dois tipos, veremos que as da crônica são as que os ingleses atribuem ao *personal* ou *familiar essay*. Esse tipo de ensaio é o que corresponde à crônica brasileira, cujos cultores, como deles disse Carlos Drummond de Andrade, "têm ar de remexer numa caixa de guardados, ou antes de perdidos".

Na literatura brasileira, a crônica, a partir do Romantismo, alcançou um desenvolvimento e uma categoria que fazem dela uma forma literária de requintado valor estético, um gênero específico e autônomo, a ponto de ter induzido Tristão de Athayde a criar o termo "cronismo" para a sua designação geral. É grande a importância que o gênero vem assumindo na literatura brasileira, de tal modo que se apresenta esse fato singular de um grande escritor como Rubem Braga que entra para a história literária exclusivamente como cronista.

A crônica brasileira começou com Francisco Otaviano, no *Jornal do Commercio* do Rio de Janeiro (2 de dezembro de 1852), e a ele se seguiram José de Alencar, Manuel Antônio de Almeida, Machado de Assis, Araripe Júnior, Raul Pompeia, Coelho Neto, Olavo Bilac, Humberto de Campos, Constâncio Alves, Álvaro Moreyra, João do Rio, Henrique Pongetti, Genolino Amado, Manuel Bandeira, Ribeiro Couto, Carlos Drummond de Andrade, Eneida, Peregrino Júnior, Rubem Braga, Rachel de Queiroz, Elsie Lessa, Fernando Sabino, Paulo Mendes Campos, Ledo Ivo, José Carlos Oliveira, Carlos Eduardo Novaes e outros.

Para caracterizar a crônica é mister ressaltar de um lado a sua natureza literária, e do outro a natureza ensaística. Pelo primeiro traço, ela se distingue do jornalismo, o que é importante, porquanto a crônica é um gênero ligado ao jornal; mas, enquanto o jornalismo (artigos, editoriais, tópicos) tem no fato o seu objetivo, seja para informar divulgando-o, seja para comentá-lo dirigindo a opinião, para a crônica o fato só vale, nas vezes em que ela o utiliza, como meio ou pretexto, de que o artista retira o máximo partido, com as virtuosidades de seu estilo, de seu espírito, de sua graça, de suas faculdades inventivas. A crônica é na essência uma forma de arte, arte da palavra, a que se liga forte dose de lirismo. É um gênero altamente pessoal, uma reação individual, íntima, ante o espetáculo da vida, as coisas, os seres. O cronista é um solitário com ânsia de comunicar-se. Para isso, utiliza-se literariamente desse meio vivo, insinuante, ágil, que é a crônica.

Pela segunda qualidade, a crônica relaciona-se com o ensaio, mas do tipo familiar, coloquial, informal, que os ingleses tão bem cultivam e exemplificam.

A crônica brasileira, como salientou Álvaro Moreyra, tem dado uma contribuição notável à diferenciação da língua entre Portugal e Brasil, pois, ligada à vida cotidiana, ela tem que apelar frequentemente para a língua falada, coloquial, adquirindo inclusive certa expressão dramática no contato da realidade da vida diária.

Há diversos tipos de crônica na literatura brasileira. Pode-se classificar esses tipos pela natureza do assunto ou pelo movimento interno. Assim temos: a) *a crônica narrativa*, cujo eixo é uma estória, o que a aproxima do conto como no exemplo de Fernando Sabino; b) *a crônica metafísica*, constituída de reflexões mais ou menos filosóficas sobre os acontecimentos ou os homens, como é o caso do Machado de Assis e Carlos Drummond de Andrade, que encontram sempre ocasião e pretexto nos fatos para dissertar ou discretear filosoficamente; c) a *crônica-poema em prosa*, de conteúdo lírico, mero extravasamento da alma do artista ante o espetáculo da vida, das paisagens ou episódios para ele significativos, como é o caso das de Álvaro Moreyra, Rubem Braga, Manuel Bandeira, Ledo Ivo; d) a *crônica-comentário* dos acontecimentos que tem, no dizer de Eugênio Gomes, o aspecto de um "bazar asiático", acumulando muita coisa diferente ou díspar, como são muitas de Alencar, Machado e outros. É evidente que essa classificação não implica o reconhecimento de uma separação estanque entre os vários tipos, os quais na realidade se encontram fundindo traços de uns e outros. De qualquer modo, como salientou Eduardo Portela, o fundamental na crônica é a superação de sua base jornalística e urbana em busca de transcendência, seja construindo "uma vida além da notícia", seja enriquecendo a notícia "com elementos de tipo psicológico, metafísico" ou com o *humour*, seja fazendo "o subjetivismo do artista", "o seu universo interno", sobrepor-se "à preocupação objetiva do cronista".

Assim, crônica é o gênero que, na literatura brasileira (como na francesa, espanhola, portuguesa), substitui o ensaio (*essay*) no sentido anglo-saxão, enquanto o termo *ensaio* vai perdendo no uso corrente o significado primitivo e etmológico para tornar-se sinônimo de *estudo*.

Oratória

Parte da retórica, a oratória é a arte do orador, ou daquele que fala ao público com elegância, propriedade e eloquência deleitando, comovendo e, sobretudo, persuadindo por meio da palavra. A *retórica* é a arte da composição em palavras, visando a persuadir. Veio dos gregos, que a cultivaram e a elevaram ao mais alto grau, como o conjunto de regras concernentes à composição de discursos para convencer um público (originalmente, a retórica não reúne apenas as normas para a oratória, mas também para qualquer composição literária). Portanto, a oratória parte das regras da retórica, é filha desta. Diziam os antigos que o poeta nasce, o orador cria-se e educa--se. Daí o prestígio de que gozavam as escolas e os professores de retórica, entre os gregos e romanos, pois a oratória política e forense exerciam um grande papel na sua vida.

A oratória compreende as composições pronunciadas de viva voz ou *discursos*. O discurso é o desenvolvimento oral de uma proposição ou um raciocínio destinado a persuadir. Seu fim, portanto, é convencer os ouvintes acerca da verdade, justiça ou utilidade do que se afirma ou propõe. Para isso, utiliza os meios oratórios ou eloquência, conjunto de qualidades requeridas do orador: fluidez de elocução, capacidade de improvisar, correção da linguagem e da pronúncia, habilidade em despertar interesse, técnica de convencer, persuadir e deleitar. Convence-se graças ao uso das faculdades de raciocinar e discutir, isto é, a dialética oratória, que estabelece a conexão lógica entre a tese e a prova do discurso; persuade-se, abalando e conduzindo a vontade pela mobilização e excitação das paixões humanas graças ao patético oratório; deleita-se à custa da beleza da expressão e graça ou qualidade das imagens.

O discurso obedece a um plano ou disposição formado de três partes: o exórdio ou introdução; o corpo ou desenvolvimento: a peroração, epílogo ou encerramento. O exórdio visa a bem predispor o ouvinte, e pode ser direto, indireto ou abrupto, e exige propriedade, aprimoramento, modéstia, proporção. O corpo do discurso, que é a parte principal, abrange a proposição ou enunciado da tese; a divisão ou partição em que o orador distribui as partes da proposição, enumera os vários pontos que o assunto compreende e os argumentos, com que pretende prová-la; a narração oratória, ou fato em que se baseiam certos discursos, como o judiciário; a confirmação, na qual se faz a prova da proposição, a parte dialética mais importante do discurso; a refutação, na qual se destroem os argumentos e objeções contrários. A peroração ou conclusão em que se procede a uma recapitulação, conduzindo ao efeito de tom frequentemente patético.

Como qualidades, o discurso deve ter unidade, equilíbrio, medida, clareza, ordem, movimento, vida, harmonia de fundo e forma.

O discurso é um gênero estreitamente ligado à vida social de um povo, crescendo ou diminuindo de importância conforme a intensidade e aprimoramento das instituições públicas, o seu desapreço ou decadência acompanhando as épocas de dissolução ou desmoralização social.

Os principais gêneros de discurso são: a oratória sacra (pregação, homilia, sermão, panegírico, oração fúnebre); a oratória forense ou judiciária perante os tribunais; a oratória política (parlamentar, tribunícia, comicial, deliberativa); a oratória militar ou guerreira; a oratória de circunstância; a oratória acadêmica; a oratória didática ou de conferências (literárias, filosóficas, científicas etc.).

Além das qualidades próprias no orador (morais, intelectuais e físicas), a oratória exige educação especial, no cultivo das qualidades, no estudo dos modelos, nos exercícios de composição e improvisação, no estudo da teoria.

Carta

A carta ou epístola (epistolar, epistológrafo, epistolografia, gênero epistolar) é uma composição em prosa (pode ser em verso) dirigida a pessoa ausente, mantendo uma conversa a distância, relatando fatos do interesse de ambos, fornecendo notícias, ou apresentando sentimentos de dor ou alegria. Correspondência é o conjunto de cartas de uma pessoa ou a troca destas entre várias pessoas. As cartas também se chamam *letras*. *Epístola* mais propriamente é a carta com qualidades literárias ou em versos.

As cartas comuns podem ser de negócios, de conveniência, íntimas. Seu estilo obedece ao objetivo, as primeiras em tom convencional, preciso, claro; as segundas, sinceras fugindo da banalidade; as últimas, pessoais e íntimas, espontâneas e sem afetação. Dentro desse esquema, podemos distinguir ainda as cartas narrativas, expositórias, suasórias, dissuasórias, de recomendação, de amor, de felicitação, de oferecimento, de notícias, de condolências; há ainda a carta-aberta, ostensivamente dirigida a um indivíduo, porém na verdade visando ao conhecimento público.

A carta privada de amizade é o modelo do gênero, escrita num estilo informal de conversa íntima. A velha retórica aconselhava o sentimento de amizade como o seu motivo central e a sinceridade, a simplicidade, a brevidade e a graça como as qualidades principais do estilo epistolar, embora também lembrando o decoro como indispensável, desde que a carta, ao contrário da conversa, é escrita.

Na Idade Média e no Renascimento, cresceu a importância da carta como instrumento oficial de comunicação, de sorte que diferenças radicais foram introduzidas no estilo, acomodando-o às exigências do decoro e da conveniência em relação com as categorias das pessoas envolvidas na troca de cartas.

Ao lado dessas variedades, há a carta literária ou epístola, gênero que tem sido muito cultivado, posto que difícil. Muitas delas foram escritas em versos.

A carta literária pode ser de dois tipos. Aquela dirigida a personagens imaginários, tratando de assuntos de interesse geral, o autor encobrindo-se sob essa máscara, muitas vezes usando o anonimato ou nomes supostos. Exs.: *As cartas persas* de Montesquieu, as *Cartas chilenas*, na literatura brasileira, de autoria discutida, mas geralmente atribuídas a Tomás Antônio Gonzaga. Outro tipo é o das cartas cujo conteúdo encerra uma comunicação ou informações de interesse geral – científico, histórico, político, haja vista a *Carta* de Pêro Vaz de Caminha a El-rei D. Manuel sobre o descobrimento do Brasil, as cartas jesuíticas dos primeiros séculos da colonização, as *Cartas da Inglaterra*, de Rui Barbosa etc.

Mas, do ponto de vista literário, as cartas mais valiosas são as epístolas em verso, as de Horácio, como a *Epístola aos pisões*, tipos de ensaios sob a forma epistolar, e as de Ovídio, cartas sentimentais em verso. Outra forma que assumiu a carta foi a dos romances em carta, muito do gosto do século XVIII sobretudo, e de que ficou famoso o romance francês *As amizades perigosas*, de Laclos, escrito em troca de cartas entre personagens.

Das correspondências particulares de escritores são preciosas e ficaram na literatura as de Cícero, Plínio, São Paulo, São Jerônimo, Santo Agostinho, Miguel Ângelo, Pascal, Santa Teresa, Santa Catarina de Sena, Sêneca, Voltaire, Chateaubriand, Madame de

Sevigné, Victor Hugo, Rousseau, Flaubert, Baudelaire, Swift, Keats, Coleridge, Sainte-Beuve, Valéry, Yeats, Gide, Eça de Queirós etc. De Rainer Maria Rilke, o livro *Cartas a um jovem poeta*, composto de dez cartas escritas entre 1903 e 1908, constitui um breviário espiritual e estético de valor inestimável, pelos conselhos que dá sobre a poesia, sobre técnica, sobre motivos etc. Na literatura portuguesa há uma coleção atribuída a Soror Mariana Alcoforado, religiosa portuguesa, publicadas em francês em 1669, com o título de *Lettres Portugaises*. Peça controvertida quanto à origem e autoria, constitui um típico exemplo de cartas "amatórias", nas quais o amor desvairado e desesperado, amor absoluto e doloroso desperta profunda emoção. Na literatura brasileira, a correspondência mais importante é a de Machado de Assis, mais pelo tom íntimo em que se espelha um pouco da alma do escritor, sempre cioso de se esconder. Importantíssima, como realização literária e expressão de pensamento crítico, é a de Monteiro Lobato com Godofredo Rangel, em *A barca de Gleyre*. Como expressão de vida espiritual, é notável a correspondência de Jackson de Figueiredo. E como documentário crítico e estético, a de Mário de Andrade.

Memórias e diários

Gêneros mistos podem ser de valor mais literário ou histórico, de conformidade com a maior ênfase dada pelo autor a um dos dois aspectos. Memórias, diários, autobiografia e cartas são formas de autorrevelação. O interesse predominante é o do retrato de quem os redige, ou as informações e interpretações dos acontecimentos ou pessoas através da perspectiva do autor.

As memórias põem maior relevo sobre pessoas e coisas contemporâneas do autor e os acontecimentos que testemunhou. Muitas se limitam à narrativa de fatos que estavam dentro do raio de observação do memorialista. Visto que passam pelo crivo de um temperamento, de um caráter, de uma intenção, as memórias não oferecem grande segurança como fonte histórica. O autor conta o que viu e viveu, intercalando amiúde os seus comentários, irônicos, críticos, mordazes, assim prejudicando a objetividade do relato.

Já no diário e na autobiografia, ao invés dos acontecimentos exteriores, o que releva é a análise interior, a introspecção, a significação da própria vida do narrador acima de tudo o mais. Os acontecimentos exteriores não têm aqui importância, como as impressões pessoais, captadas no momento ou mesmo mais tarde à luz de experiência acumulada. Nem sempre um cunho artístico os caracteriza, mas uma franqueza e uma visão pessoal das coisas e dos homens.

O diário ou jornal é, assim, o registro dia a dia, pessoal, muitas vezes secreto e nem sempre com objetivo de publicação, dos fatos, pensamentos, sentimentos de uma pessoa. O diário é o espelho de uma personalidade.

Na prática, nem sempre é fácil separar nitidamente os três gêneros. Em geral, confundem-se.

Em todas as literaturas, desde as antigas, foram cultivados, não só na forma histórica, mas também na variedade autobiográfica e de diário. Entre as memórias históricas, citam-se a *Anábasis* de Xenofonte, os *Comentários* de Júlio César, as memórias de Marco Polo; entre os modernos, os franceses excelem no gênero, com o Cardeal de Retz, o Príncipe Condé, La Fayette, Madame de Staël, Saint-Simon, Madame Roland, Mirabeau, Las Casas, Chateaubriand e outros. Já os diários íntimos e confissões autobiográficas, de feitio mais intimista e autorrevelador, tiveram um grande impulso após o cristianismo, com as confissões e relatos de convenções, a começar pela de Santo Agostinho, e, novamente, a do Cardeal Newman.

Mas nem todas as autobiografias de alma têm caráter religioso. Algumas partem da ideia de autojustificação, de explicação de manias de perseguição ou desajustamento social, como as de Rousseau e Saint-Simon; outras são revelações de estados de alma artísticos (atores, músicos, pintores, poetas), como as de Cellini, Goldoni, Berlioz, Delacroix, Amiel, com a forma ora de autobiografia, ora de diário. Há ainda os diários de exploradores, viajantes, jornalistas, militares, relatos mais simples de aventuras ou eventos em que foram parte, sem maior profundidade de introspecção.

A literatura brasileira é pobre desses gêneros. Citam-se as memórias de Joaquim Nabuco, Humberto de Campos, Gilberto Amado, Álvaro Moreyra, Augusto Frederico Schmidt e outras, sendo o gênero nos últimos anos mais cultivado.

Máximas e outras formas

Outra variedade apreciada, a máxima é a expressão sentenciosa e breve de um pensamento moral. Em geral, são escritos de moralistas e pensadores, que, estudando os hábitos de um povo, fornecem normas ou princípios de reflexão e conduta sob a forma de sentenças ou máximas. Estas são parentes dos provérbios e apotegmas. O modelo do gênero são as máximas de La Rochefoucauld, moralista francês do século XVII. São largamente imitadas por diversos autores, que nem sempre se eximem da mediocridade ou do acacianismo. Na literatura brasileira, o exemplo típico são as máximas do Marquês de Maricá.

Outro gênero do grupo são os retratos morais e pinturas de caracteres (etopeias), cujo modelo é o livro *Les caractères* de La Bruyère, outro moralista francês do século XVII. No fundo, são descrições de uma personalidade ou de um caráter, isto é, das qualidades físicas ou morais de uma pessoa.

9
Crítica literária

De conformidade com a conceituação aqui adotada, a literatura é uma arte, a arte da palavra (nem tudo o que utiliza a palavra é literatura, sendo mister que o faça de maneira específica) e, como toda arte, origina-se na imaginação criadora, cujo objetivo é despertar um estado emocional, o prazer artístico. Não visa, portanto, ao conhecimento, à informação, ao ensinamento. Não é por aí que as obras literárias se tornam eternas na admiração e no prazer dos leitores. Mas sim pelos elementos estético-literários que constituem o intrínseco de sua composição, e que são responsáveis pelo seu valor especificamente literário e pelo prazer estético advindo de sua leitura.

Não sendo um meio de conhecimento ou informação, a literatura expeliu de seu âmbito o jornalismo, a história, a filosofia. Para a poética neoclássica, os gêneros literários eram todas as manifestações da atividade intelectual, possuíam um sentido amplo e sua classificação era exaustiva. Mas, a duras penas, a literatura libertou-se das outras atividades. E isso depois que a ciência estética, a partir do século XVIII, se desenvolveu, passando pela polêmica romântica acerca dos gêneros literários e pelas restrições de Croce. Em nosso tempo, as teorias poéticas, embora não aceitando o negativismo croceano, tampouco se deixaram reverter à tradição neoclássica. Repelem, pois, o sentido lato, amplo, reduzindo os gêneros literários àqueles de cunho estritamente literário, isto é, os gêneros narrativos da ficção e epopeia, os gêneros dramáticos, líricos e ensaísticos, fechando a porta a tudo o mais que não seja produto da imaginação e vise a objetivos de conhecimento, investigação, informação, análise.

É o caso da crítica, parenta da filosofia e da ciência, pela sua natureza analítica, interpretativa, discursiva. Atividade reflexiva, a matéria-prima sobre que atua é a literatura, o fenômeno literário, expresso pelos diversos gêneros. Por que ela incide sua mirada indagadora sobre os gêneros, deduziu-se abusivamente que ela é também gênero. Como se a ciência que estuda as flores com elas se confundisse.

A crítica literária tem por meta o estudo da literatura, dos gêneros, mas não é um deles. Ela os analisa, sem se confundir com eles. É uma atividade intelectual, reflexiva, usando o raciocínio lógico-formal, procurando adotar um método rigoroso, tanto quanto o das ciências, porém de acordo com a natureza do fenômeno que estuda, o fenômeno literário, a obra de arte da linguagem. É um método específico para um objeto específico. Não é uma atividade imaginativa, embora consinta no auxílio da imaginação; é uma atividade científica, sem utilizar os métodos das demais ciências (biológicas, físicas, naturais), nem se valer das suas leis ou conclusões; não é a filosofia, mas recorre ao raciocínio lógico-formal, para refletir sobre os fenômenos da arte da palavra.

Assim entendida, a crítica literária possui um campo de atuação que lhe é próprio e deve caminhar para o estabelecimento de técnicas de pesquisa e análise, e para métodos de interpretação e julgamento, que lhe são específicos e também intransferíveis.

Não é, em conclusão, um gênero literário, mas um conjunto de métodos e técnicas justamente de abordagem dos gêneros literários. É o que tem procurado ser no passado, variando de métodos de acordo com as necessidades e em função da literatura que tenha de analisar e julgar. Sua história é uma longa luta, um grande esforço para penetrar e compreender o fenômeno literário. Com atitude científica, observando o fato literário que tenha à mão – tal como Aristóteles da observação da literatura grega retirou a sua *Poética* –, indutivamente, a crítica literária caminha cada vez mais para alcançar uma autonomia e uma segurança, legítimos apanágios da verdadeira ciência.

A crítica, até bem pouco tempo, ainda era dominada pelo estudo dos fatores exteriores, extrínsecos ou genéticos que condicionam a gênese do fato literário. Ela era a repercussão das teorias decimononistas de Taine e Sainte-Beuve, do naturalismo e determinismo biológico, social e geográfico, e do biografismo, princípios esses a que se devem entre nós a obra de Sílvio Romero e dos outros críticos e historiadores literários da fase naturalista e positivista do final do século XIX e começo do XX. Era, em sua maioria, de cunho histórico, sociológico e biográfico, encarando a obra literária de fora, de sua periferia, na sua moldura histórica, no ambiente que a cerca, nas causas externas e elementos exteriores (meio, raça, momento). A obra literária era vista como uma instituição social, um documento – de uma raça, uma época, uma sociedade, uma personalidade. As relações entre a literatura e a vida se resolviam em favor da vida, da qual a literatura não passava de espelho.

Em reação contra essa doutrina decimononista, o movimento contemporâneo de teoria da crítica inclina-se para fazer a crítica sobretudo dirigir a mirada – a sua visão armada, como diria Coleridge – para a obra em si, e analisá-la em seus elementos intrínsecos, precisamente os que lhe comunicam especificidade artística. Essa é a crítica intrínseca, egocêntrica, operocêntrica, verdadeiramente estética, literária ou "poética", para o estabelecimento da qual, em termos técnicos e autônomos, propendem as mais sérias contribuições dos maiores críticos contemporâneos de todos os idiomas, em oposição à crítica extrínseca, historicista, sociológica do último século.

Não quer isso dizer que se não reconheça a validade relativa dos diversos outros recursos de interpretação e análise crítica. O problema é, sobretudo, de ênfase nos valores estéticos, a partir do princípio de que um fato estético-literário exige, como meio adequado de análise, um método estético-literário, inspirado em teoria estético-literária. A primazia há que ser dada às técnicas criadas de conformidade com a natureza do fenômeno a estudar, subordinando-se a elas todas as outras que, estranhas embora, lhes possam ser úteis. Nada obsta, portanto, a que se utilizem todos os métodos de abordagem, contanto que considerados subsidiários e não propriamente literários. Crítica literária é aquela que usa os métodos literários. Os demais, de outras disciplinas, podem ser mobilizados, sem que, assim, se faça crítica literária no sentido estrito. Aplicam-se objetivas de outras ciências ao estudo do fato literário, o que é legítimo, mas outra coisa que não crítica literária. Esta porfia em desenvolver seus próprios métodos, o que a elevará à categoria de disciplina autônoma. Uma disciplina que encare a obra literária, não apenas como um documento, mas sobretudo como um monumento.

A renovação da crítica é já agora um fato consagrado, que não se limita à formulação de princípio e teoria, mas já foi testada na prática, pela análise de inúmeras obras de poetas, romancistas e dramaturgos. Isso é a "nova crítica".

Índices desse movimento renovador são os livros de Wellek e Warren, de Wolfgang Kayser, de Croce, Richard, Eliot; as obras das escolas estilológicas germânica, suíça e espanhola; da escola francesa da explicação de textos; do *new criticism,* anglo-americano; da escola linguística eslava de Praga e do formalismo russo; da escola neo aristotélica de Chicago; sem falar em numerosos livros e autores isolados, como Auerbach, Hatzfeld, Nothrop Frye, Stanley Hyman, Leo Spitzer, Jakobson e outros.

Variedades da crítica

A história da crítica tem dado lugar a vários tipos dessa atividade. A *crítica gramatical*, que subordina o julgamento da obra literária a um padrão de pureza gramatical, reduzindo, pois, a literatura a mero veículo de estudo linguístico; a *crítica sociológica*, para a qual os valores que têm a primazia no estudo literário são os sociais, defendendo a teoria de que o valor da arte é medido pela eficiência na retratação das condições sociais (naturalismo, determinismo do século XIX), ou do fator econômico (marxismo); a *crítica psicológica*, que reduz todo o trabalho crítico à interpretação da psicologia do autor ou dos reflexos psicológicos na obra; a *crítica biográfica*, no modelo de Sainte-Beuve, para o qual a crítica se resume na biografia dos autores, ou na interpretação das obras pela vida de quem as escreveu; a *crítica moralista* ou *apologética*, que julga as obras pelo critério moral, aferindo-as pelo interesse da moralidade ou da religião; a *crítica impressionista*, expressão das impressões despertadas no espírito do crítico pelo contato com as obras; a *crítica jornalística*, resenha ou *book review*, crítica em periódicos.

Ainda se pode realizar a crítica segundo critério personalista, grupal, partidário, ou eclético (sem orientação, ao sabor do momento, da moda ou das circunstâncias).

É claro que se pode retirar subsídios do exame e interpretação de diversas dessas variedades críticas.

Mas o que deve predominar no bom crítico é a preocupação integral, de ver todos os aspectos da obra, a fim de atingir o estágio do julgamento estético. E este só é conseguido pela consideração dos elementos estéticos, os que estão no íntimo da obra, no texto, e não em derredor dela, no autor, no meio, na raça, no fato econômico, político, moral etc.

O ato crítico completo compreende três etapas: a resposta intuitiva, imediata, ou impressão, gerada no espírito do crítico pelo contato com a obra; a análise e compreensão, em plano racional e intelectivo; a avaliação ou juízo de valor final. Portanto, da fase emocional e intuitiva, passa ao plano intelectual, e afinal ao julgamento (estético).

Importante consideração é a relativa à natureza estética do juízo de valor crítico, diferente do valor moral. Não confundir juízo estético e juízo ético é uma regra de ouro da crítica literária.

Outro dado relevante é o referente à subjetividade e objetividade críticas. O ato crítico parte do sujeito, mas não sendo uma atividade afetiva e sim intelectual, ele visa a um fim objetivo. A princípio, o primeiro passo é a entrega da obra ao crítico, a fim de que ele a absorva, se identifique, se embeba nela pela leitura, para senti-la na sua beleza e emoção. É a fase inicial da comunhão da alma do crítico com a obra. Mas essa fase tem que ser superada pela submissão do crítico à obra, que é o objeto de sua análise. Aí o crítico, sua intuição e emoção, cedem o passo à obra, sua estrutura e elementos componentes, sua linguagem, seus valores, mediante o uso do raciocínio lógico-formal. Aqui o que prima acima de tudo é o interesse da obra, ao qual deve o crítico submeter-se. A grande ideia da teoria crítica contemporânea é precisamente esta: a do primado do texto, da obra. Dirigir-se ao texto com simpatia e capacidade de senti-lo, a fim de subordinar-se a ele e aferir o seu valor, após análise, comparação, compreensão, interpretação.

Esta crítica integrativa, objetiva, nisso que põe acima de tudo o interesse do objeto (a obra de arte), para afirmar o seu valor artístico, é a que Tristão de Athayde chamou de "expressionista", em contraposição à "impressionista", isto é, em vez da autobiografia crítica, a análise da expressão estética que é a obra literária de linguagem.

A essa crítica inclinam-se as diversas correntes renovadoras contemporâneas, cada qual formulando métodos de abordagem do fenômeno literário de acordo com esta ou aquela orientação especial. Para ela tendem os esforços dos que desejam para a crítica a posição de uma disciplina autônoma, estruturada em alicerces rigorosos de método e princípios.

A crítica brasileira[9] iniciou-se no século XIX, para não falar nas manifestações esporádicas ocorridas na época das academias e entre os poetas arcádicos. Foi no Romantismo que teve a literatura brasileira os primeiros espécimes de pensamento crítico e de crítica prática. Gonçalves de Magalhães, Santiago Nunes Ribeiro, Joaquim Norberto, José de Alencar, Macedo Soares, Álvares de Azevedo, Machado de Assis iniciaram a crítica brasileira propriamente dita, conduzindo-a do Romantismo para o Realismo. Nessa segunda fase, surgiu a crítica mais sistemática sob a égide das novas doutrinas filosóficas e biológicas, deterministas, positivistas e naturalistas, que encaravam a literatura como reflexo da sociedade, com Sílvio Romero, Araripe Júnior, Rocha Lima, Capistrano de Abreu, Clóvis Beviláqua, Artur Orlando, Valentim Magalhães, José Veríssimo, João Ribeiro. Nas primeiras décadas do século XX, tiveram voga os críticos impressionistas, na linha de Anatole France, Jules Lemaitre e outros, segundo a teoria, propugnada pelo primeiro, de que a crítica é o passeio da alma através das obras-primas, crítica subjetivista e autobiográfica. A reação de Tristão de Athayde, Mário de Andrade, Henrique Abílio e outros veio encaminhar a crítica para a busca do estético da obra literária, tanto contra o impressionismo como contra o

---

[9] Sobre a crítica brasileira, cf. COUTINHO, Afrânio (dir.). *A literatura no Brasil.* 6 vols. Rio de Janeiro: Sul Americana, 1968-1971 [cf., em especial, vols. 6, p. 288-294). Quanto aos textos, cf. COUTINHO, Afrânio (org.). *Caminhos do pensamento crítico.* 5 vols. Rio de Janeiro: Americana, 1974.

sociologismo naturalista. As mais recentes tendências da crítica brasileira enquadram-se no movimento geral de renovação, seja nas técnicas estilísticas, seja na análise estruturalista, seja na explicação de textos. De qualquer modo, em obediência à regra geral da primazia do texto, ou seja, da obra. Crítica de cunho estético. Nova crítica.

Bibliografia

Para uma bibliografia detalhada sobre problemas gerais de teoria literária, crítica e história literária, análise literária, estilística, conceito de gênero e sua classificação, estilos de época, os diversos gêneros literários (narrativo, lírico, dramático, ensaístico), dicionários de terminologia crítica, ver as seguintes obras: COUTINHO, Afrânio. *Da crítica e da nova crítica.* 2. ed. Rio de Janeiro: Civilização Brasileira, 1975, p. 191-220. • COUTINHO, Afrânio (dir.). *A literatura no Brasil.* 6 vol. 2. ed. Rio de Janeiro: Sul Americana, 1968-1971 [cf. o vol. 6, p. 243-302].

Quanto à narrativa de ficção, além das obras gerais ali indicadas, o estudioso deve recorrer aos trabalhos especiais sobre os grandes ficcionistas: Boccacio, Cervantes, Balzac, Stendhal, Flaubert, Maupassant, Dostoievski, Tolstoi, Tchecov, Sterne, Dickens, Conrad, James, Proust, Joyce, Faulkner, Kafka, Virgínia Woolf etc.

Sobre o lirismo, ao lado das obras teóricas constantes da bibliografia geral, deve-se levar em conta as obras sobre os grandes poetas: Virgílio, Horácio, Ovídio, Dante, Shakespeare, Gongora, Camões, Goethe, Victor Hugo, Baudelaire, Keats, Wodsworth, Byron, Leopardi, Mallarmé, Rimbaud, Verlaine, Valéry, Yeats, Lorca, Pound, Eliot, Rilke, Whitman, Poe etc. Não deve ser esquecida, tampouco, a obra dos grandes críticos da poesia, como Dryden, Johnson, Coleridge, Eliot, Richards, Valéry, Croce, Damaso Alonso etc.

Os poetas de língua portuguesa, é claro, têm lugar de destaque neste estudo.

O mesmo quanto ao gênero épico: estudar também as obras sobre os grandes autores do gênero, Homero, Virgílio, Tasso, Camões, Milton etc.

Obras de Afrânio Coutinho

I. Publicadas

1) *Daniel Rops e a ânsia do sentido novo da existência*. Bahia, 1935.

2) *O Humanismo, ideal de vida*. Bahia, 1938.

3) *L'Exemple du Métissage*. In: *L'Homme de Couleur*. Paris: Plon, 1939 [Coll. Présences].

4) *A Filosofia de Machado de Assis*. 2. ed. Rio de Janeiro: Vecchi, 1940 [2. ed.: *A filosofia de Machado de Assis e outros ensaios*. Rio de Janeiro: Livraria S. José, 1959].

5) *Aspectos da literatura barroca*. Rio de Janeiro: A Noite, 1951.

6) *O ensino da literatura*. Rio de Janeiro: M.E.S., 1952.

7) *Por uma crítica estática*. Rio de Janeiro: M.E.S., 1953.

8) *Correntes cruzadas*. Rio de Janeiro: A Noite, 1953.

9) *Da crítica e da nova crítica*. Rio de Janeiro: Civilização Brasileira, 1957 [2. ed., 1975].

10) *Euclides, Capistrano e Araripe*. Rio de Janeiro: M.E.S., 1959 [2. ed. Rio de Janeiro: Livro de Ouro, 1968].

11) *Introdução à Literatura no Brasil*. Rio de Janeiro: Livraria S. José, 1959 [5. ed. Rio de Janeiro: Livraria S. José, 1968; 8. ed. Rio de Janeiro: Civilização Brasileira, 1976].

12) *A crítica*. Bahia: Livraria Progresso, 1959.

13) *Machado de Assis na literatura brasileira.* Rio de Janeiro: Livraria S. José, 1960.

14) *Conceito de literatura brasileira.* Rio de Janeiro: Livraria Acadêmica, 1960.

15) *Tradição e futuro do Colégio Pedro II* (Aula Magna de 1962). Rio de Janeiro, 1961.

16) *Recepção de Afrânio Coutinho na Academia Brasileira de Letras.* Rio de Janeiro, 1962.

17) *No hospital das letras.* Rio de Janeiro: Tempo Brasileiro, 1963.

18) *A polêmica Alencar-Nabuco.* Rio de Janeiro: Tempo Brasileiro, 1965.

19) *Antologia brasileira da literatura.* 3 vols. Rio de Janeiro: Editora Distribuidora de Livros Escolares, 1965, 1966 e 1967.

20) *Crítica e poética.* Rio de Janeiro: Acadêmica, 1968.

21) *A tradição afortunada.* Rio de Janeiro: José Olympio, 1968.

22) *Aula magna.* Rio de Janeiro: UFRJ, 1968.

23) *An introduction to literature in Brazil.* Nova York, Columbia University Press, 1969.

24) *Crítica & críticos.* Rio de Janeiro: Simões, 1969.

25) A vida intelectual no Rio de Janeiro. In: *O Rio de Janeiro no Tempo da Independência.* Rio de Janeiro: Americana, 1972.

II. Dirigidas

1) *A literatura no Brasil.* 4 tomos. Rio de Janeiro: Sul Americana, 1955-1959 [Direção e colaboração de Afrânio Coutinho com a colaboração de cinquenta escritores – 2. ed. Rio de Janeiro: Sul Americana, 6 vol., 1968-1971].

2) *Obra crítica* de Araripe Júnior. 5 vol. Rio de Janeiro: Casa de Rui Barbosa, 1958, 1960, 1962, 1966, 1971.

3) *Obra completa* de Jorge de Lima. Rio de Janeiro: José Aguilar, 1959.

4) *Obra completa* de Machado de Assis. 3 vols. Rio de Janeiro: José Aguilar, 1959.

5) *Brasil e brasileiros de hoje*. 2 vols. Rio de Janeiro: Foto Serviço, 1961 [Enciclopédia de biografias].

6) *Romances completos* de Afrânio Peixoto. Rio de Janeiro: José Aguilar, 1962.

7) *Obra completa* de Carlos Drummond de Andrade. Rio de Janeiro: José Aguilar, 1964 [2. ed., 1967; 3. ed., 1973].

8) *Estudos literários* de Alceu Amoroso Lima. Rio de Janeiro: José Aguilar, 1966.

9) *Obra completa* de Euclides da Cunha. 2 vols. Rio de Janeiro: José Aguilar, 1966.

10) *Obra poética* de Vinícius de Moraes. Rio de Janeiro: José Aguilar, 1968.

11) *Augusto dos Anjos, textos críticos*. Brasília: MEC, 1973 [Organização de Afrânio Coutinho – Coleção de Literatura Brasileira, I.N.L.].

12) *Caminhos do pensamento crítico*. 2 vols. Rio de Janeiro: Americana/Departamento de Cultura da Guanabara, 1974 [Organização de Afrânio Coutinho].

III. Editadas e publicadas pelo Instituto Nacional do Livro

1) *O ateneu*, de Raul Pompeia.

2) *No hospício*, de Rocha Pombo.

3) *Mocidade morta*, de Gonzaga Duque.

4) *Maria Duzá*, de Lindolfo Rocha.

Conecte-se conosco:

 facebook.com/editoravozes

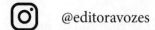 @editoravozes

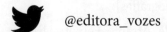 @editora_vozes

youtube.com/editoravozes

+55 24 2233-9033

www.vozes.com.br

Conheça nossas lojas:

www.livrariavozes.com.br

Belo Horizonte – Brasília – Campinas – Cuiabá – Curitiba
Fortaleza – Juiz de Fora – Petrópolis – Recife – São Paulo

  Vozes de Bolso

EDITORA VOZES LTDA.
Rua Frei Luís, 100 – Centro – Cep 25689-900 – Petrópolis, RJ
Tel.: (24) 2233-9000 – E-mail: vendas@vozes.com.br